ポストコロナの
健康経営

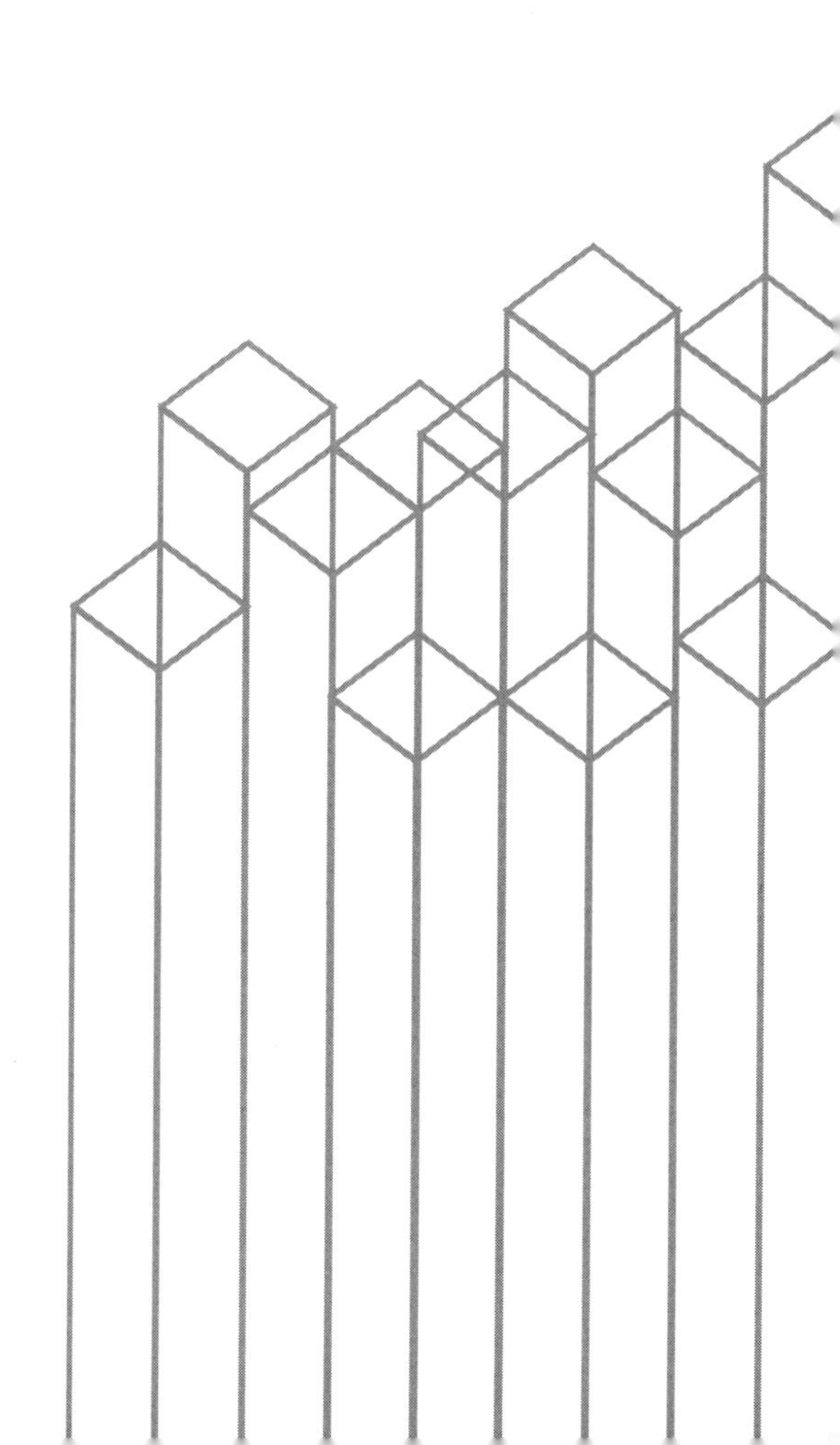

はじめに

――新型コロナウイルスの世界的流行

2020年、新型コロナウイルス感染症が世界を襲いました。

2019年11月末に中国湖北省武漢市で最初の症例が確認されて以降、急速に中国全土、さらには世界中に拡大し、2020年1月にはWHO（世界保健機構）が「世界的流行」を宣言するに至りました。世界各国は感染拡大防止のため主要都市のロックダウン（都市封鎖・移動制限）を決行。国内、海外への人の移動を制限し、これに伴う人的・経済的被害は計り知れないものとなりました。日本も例外ではなく、4月7日にまず東京、神奈川、埼玉、千葉、大阪、兵庫、福岡の7都府県へ、その後4月16日に全国へ向けて緊急事態宣言を発令。人の動きが止まり、経済活動は大幅に縮小しました。5月中旬以降、都道府県ごとに緊急事態宣言は段階的に解除され、5月25日には全都道府県で全面解除となり、6月中はある程度感染者数も抑えられていましたが、7月に入り感染者数は再度上昇に転じ、累計の感染者数は判明しているだけで5万人以上、死亡者数は1000人以上となっております（8月時点）。こういった経過から、社会全体に「感染の収束が見通せない・先が見えない不安」が徐々に蔓延してきているといえます。

――経済への影響

経済への影響も甚大です。感染拡大防止のための活動（外出自粛、営業自粛など）に伴って経済活動は委縮し、２０２０年４-６月期の実質ＧＤＰの予測平均は前期比年率28・１％減となっており、リーマンショック後を越えて戦後最悪の落ち込みが確実視されています。企業の倒産件数も徐々に増加しており、当初は飲食業、宿泊業、交通業などが大きな打撃を被りましたが、経済が委縮している状態が長期化するにつれて、他業種にも徐々に影響が出始めています。

――個人行動の変容と企業の対応

個人の行動は変容を余儀なくされました。外出時のマスクの着用は日常的な光景となり、店舗入店時の手指のアルコール消毒や身体的距離の確保（ソーシャルディスタンス）も行なわれるようになっています。また、企業も対応に追われ、テレワークや時差出勤の励行、対面での会議の禁止などの対策が取られるようになりました。緊急事態宣言の解除後は、企業のテレワークなどについてはある程度の揺り戻しがあり、以前と同様に出社を義務付ける企業も出てきていますが、新型コロナウイルス感染症は終息の見通しが立っておらず、流行の長期化も懸念されるため、当面は個人、企業ともコロナウイルスを意識した行動を取らざるを得ないといえます。新型コロナウイルス感染症の流行が長期化すればするほどこういった変化は社会に定着し、今後流行が終息したとしても、もはやコロナ前と完全に同じ状況に戻ることは不可能といってよいでしょう。

――これからの健康経営

このような社会の変化は、従来の企業の在り方そのものも変えようとしています。近年、企業が従業員の健康管理を経営的な視点で実践し業績の向上へ結びつける「健康経営」という経営手法が注目されていますが、新型コロナウイルス感染症の流行は、個人の行動様式や企業での働き方を変容させ、さらに「従業員の健康」と「企業の業績」の双方に直接影響を与えうることから、今後は健康経営の在り方も見直しを迫られると考えられます。具体的には、これまでの健康経営の取り組みに加え、感染症の予防の徹底や、生活習慣病の発症予防・進展抑制を目的とした早期の医療的介入、社会不安や勤務形態の変化に伴うメンタルヘルス不調者の増加への対策などが必要になるでしょう。
　そこで本書では、まずこれまでの健康経営の在り方というものを振り返り、コロナ後の社会ではその手法をどのようにアップデートしていくか、またそれに携わる企業や医療者の在り方について述べたいと思います。

西城　由之

目次

第二章　健康経営の具体的対策①　感染症

第一章　健康経営とは

――国による健康経営の推進

日本では近年、国が企業に働きかけて健康経営を推進しています。

健康経営の推進は経済産業省が主体で行なっており、同省は２０１４年、健康経営のポイントをまとめた「企業の「健康経営」ガイドブック～連携・協働による健康づくりのススメ～」を策定しました。

このガイドブックの中で、健康経営とは**「従業員の健康保持・増進の取組が、将来的に収益性等を高める投資であるとの考えの下、健康管理を経営的視点から考え、戦略的に実践すること」**であると述べられています。これをよりかみ砕いて言えば、企業が従業員の健康管理に投資を行なって彼らの健康が増進・活力が増大すれば、企業組織は活性化し生産性も向上するので、結果として**企業の業績アップが見込める**、ということです。また、従業員が健康になることによって**医療費負担の軽減も期待できます**。さらに、業績アップによって得られた利益を従業員の健康管理に再投資できれば、さらに**生産性が向上する**という好循環サイクルを作ることができます（図1）。これにより一時的な業績回復にとどまらず、**中・長期的な企業成長**も期待できるようになります。

これから健康経営について考えていくわけですが、その前に、まず日本の医療の基本と

図１　理想的な健康経営

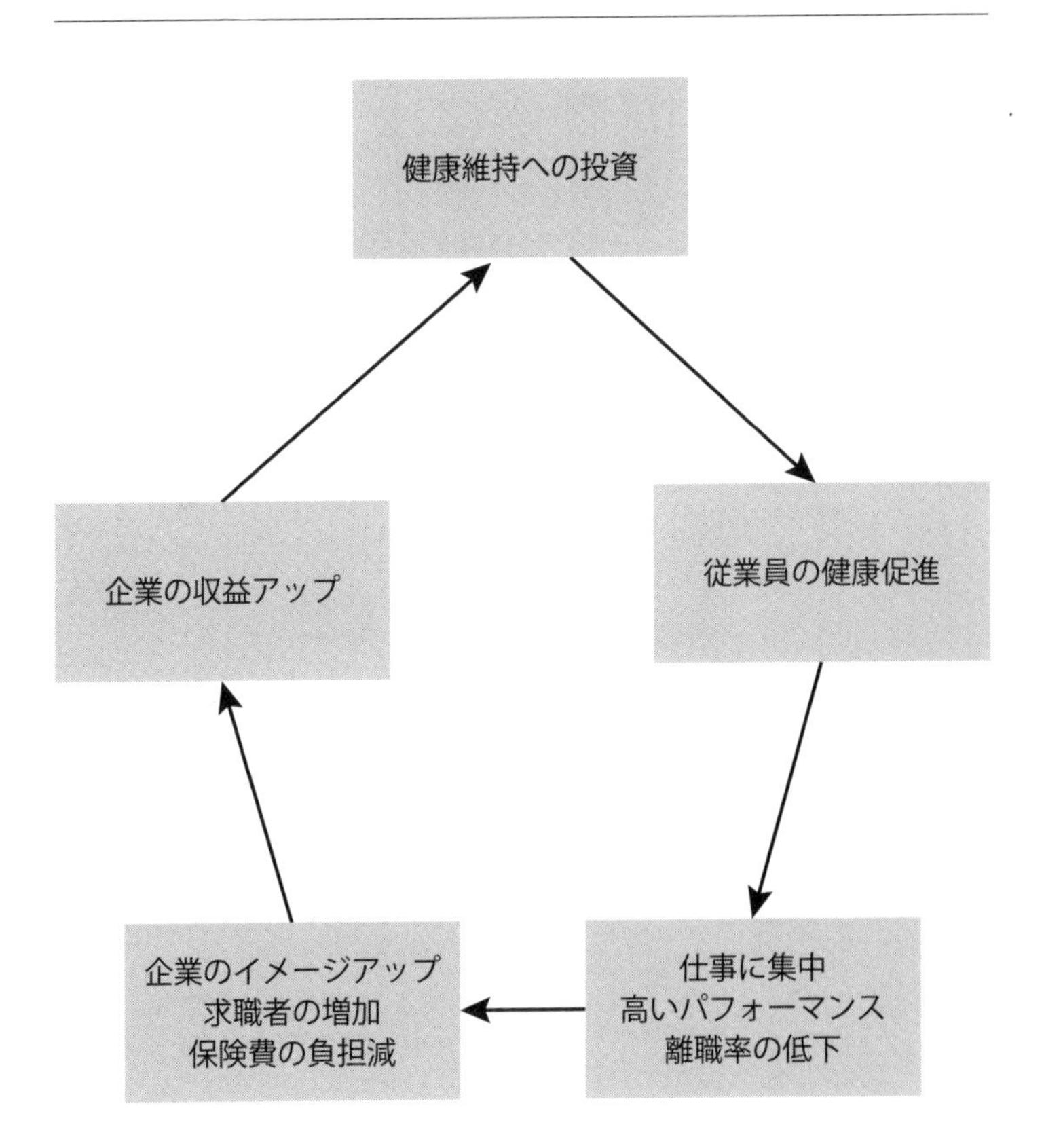
健康維持への投資
従業員の健康促進
仕事に集中
高いパフォーマンス
離職率の低下
企業のイメージアップ
求職者の増加
保険費の負担減
企業の収益アップ

なる医療保険制度がどのようなものかについて見ていきます。

一．日本の保険医療制度について

――国民皆保険制度

日本はすべての人が公的医療保険に加入する国民皆保険制度をとっており、図で表すと図2のようになります。日本国民は何らかの医療保険に加入し、その医療保険の運営主体である保険者に保険料を支払うことによって保険証の交付を受けて被保険者となります。被保険者は病気や怪我の際に医療機関を受診して診療報酬を支払いますが、その金額は診療報酬全体の一部でよく、残りは保険者から医療機関に対して支払われます。

――医療保険の種類

医療保険の種類は大きく分けると、社会保険、国民健康保険、後期高齢者医療制度の三種類に分けられます。これらのうち、企業の従業員が加入するのが社会保険であり、その

図2　国民皆保険制度

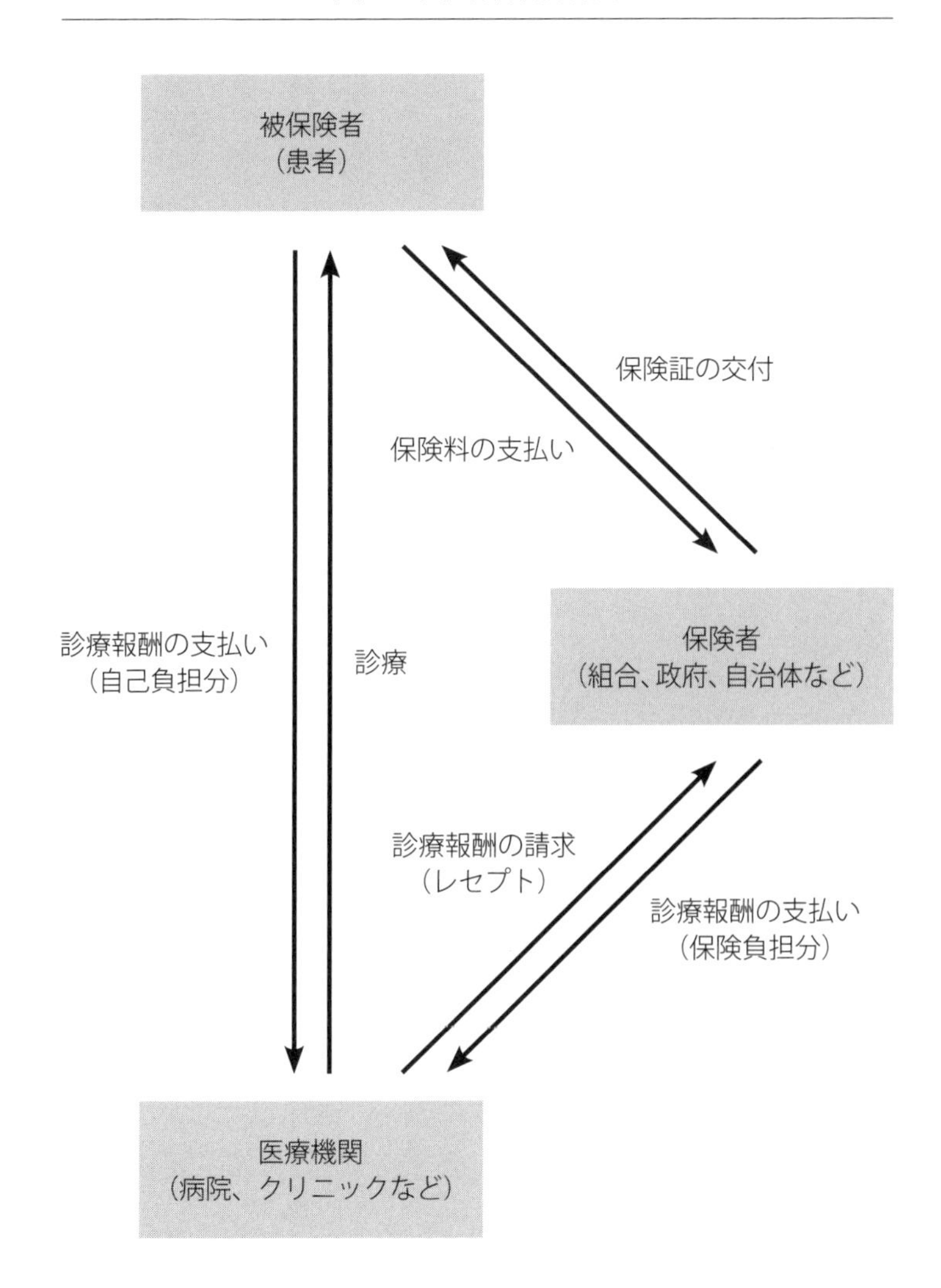
被保険者
（患者）
保険証の交付
保険料の支払い
診療報酬の支払い
（自己負担分）
診療
保険者
（組合、政府、自治体など）
診療報酬の請求
（レセプト）
診療報酬の支払い
（保険負担分）
医療機関
（病院、クリニックなど）

中で大企業やその傘下にある企業、グループ企業などの従業員を対象とする健康保険組合が組合管掌健康保険（組合健保）、中小企業の従業員を対象とする健康保険組合が全国健康保険協会管掌健康保険（協会けんぽ）になります。これら健康保険組合の財源は、事業主（企業）が拠出する保険料によって賄われています。

組合健保は、協会けんぽと比較して保険料が安いことが多く、また1か月間の医療費の自己負担限度額を決めておき、限度額を超えた費用は払い戻す「付加給付」という制度があるため、被保険者にとっては保険料の負担が少なくてすむようになっています。

二．健康経営が推進される背景

健康経営が推進されるようになった背景としては、以下のようなものが挙げられます。

──①医療費の増大

日本の国民医療費は年々増加しており、２０１７年度には43兆７１０億円にのぼっています。これは同年度の国内総生産（ＧＤＰ）の７・87％、国民所得（ＮＩ）の10・66％に相当します（図３）。

医療費増大の原因は様々ですが、主なものとして人口の高齢化や医療の高度・複雑化が挙げられます。若年者と比較すると、高齢者は当然病気にかかりやすく、医療機関を受診したり多数の薬を飲んだりすることが多くなるため、どうしても一人当たりにかかる医療費は高額になります。また、近年では医療の進歩により高額な機材や薬が開発され、使用されるようになったことも大きな理由です。

医療費の増大は、保険料の上昇という形で企業にも従業員にも負担となります。逆に言えば、医療費が軽減できれば企業・従業員ともに保険料の負担が減ることになります。そういう点で、国が医療費の軽減を目的として推進する健康経営は、企業・従業員にとっても保険料負担の軽減という形での経済的メリットがあるということになります。

――②若年労働人口の減少

日本では、労働人口そのものは増加しているものの、少子高齢化に伴い若年の労働人口は減少しており、それを高齢労働者で補っているという状態が続いています。企業が生産

図３　国民医療費・対国内総生産・対国民所得比率の年次推移

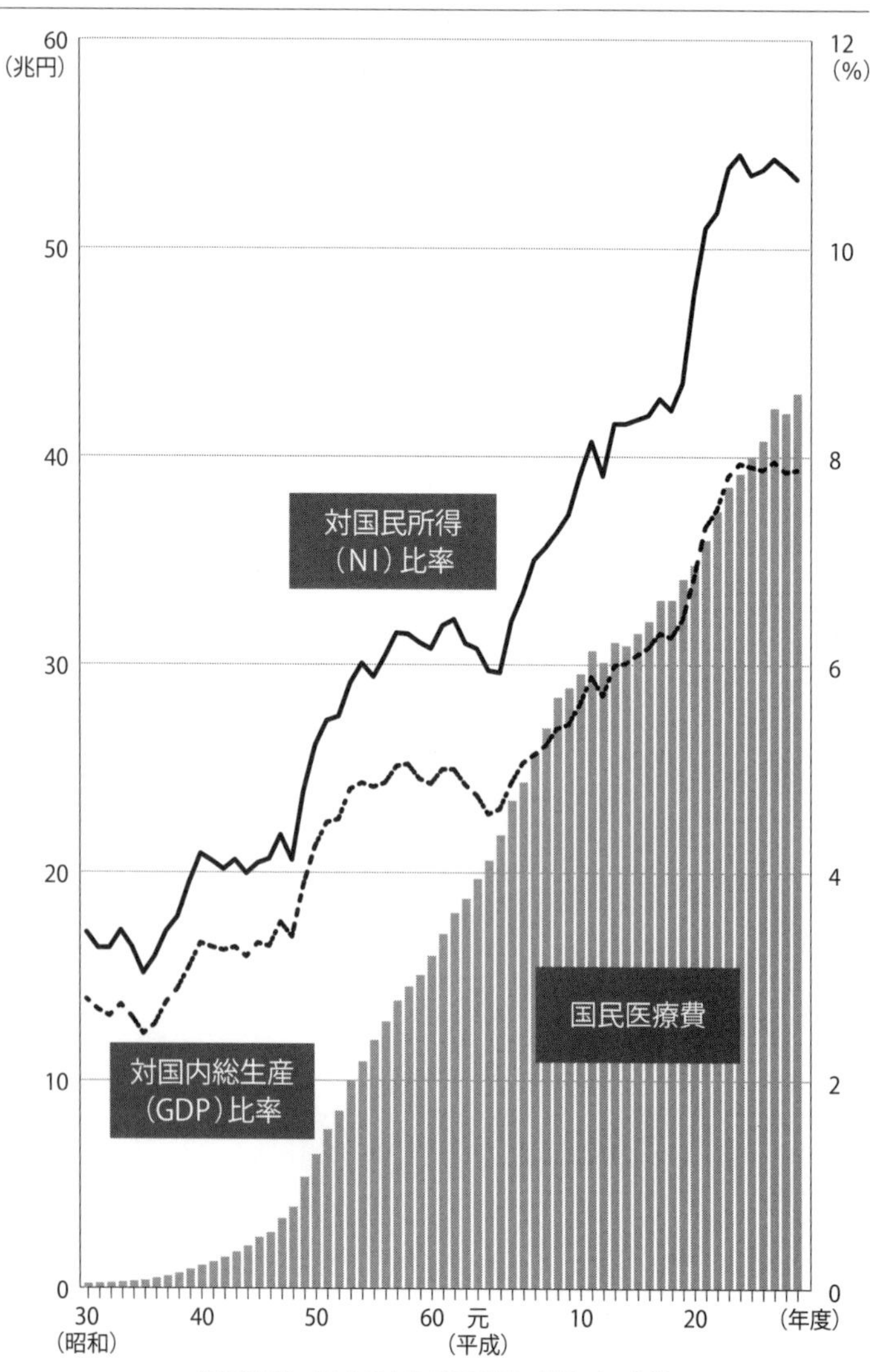

（厚生労働省　「平成 29 年度 国民医療費の概況」より抜粋）

力を維持するにあたって、高齢の従業員も大切な労働力ですが、高齢になれば様々な病気に罹患するリスクが上がります。①とも関連しますが、２０１７年度の医療費の内訳をみると、各年齢層が医療費全体に占める割合は０〜14歳が5.9％、15〜44歳が12・２％であるのに対し、45〜64歳は21・６％、65歳以上は60・３％となっており、年齢が上がるほど医療費がかかる＝病気が増えるということがわかります（表１）。

従業員の健康状態の悪化は医療費の負担を増大させるのみならず、企業の生産性を低下させ、さらには早期退職による人材の定着率の悪化など、有能な人材の確保にも悪影響を与える可能性があるため、これらの予防を目的として健康経営が重要になってきます。

――③過重労働

②で述べた通り、近年では若年労働人口が減少し、高齢労働者がそれを補っています。高齢労働者は若年労働者と比較すると、どうしても体力面などで劣ることが多く、その分若年労働者に負荷がかかることになります。その結果として、特定の従業員の仕事量が増えて長時間労働に至ることも多くなってきました。**労働が長時間になれば休息や睡眠に充てる時間が削られ、強いストレス下での労働を強いられることになります。**このような状

表１　年齢階級別国民医療費

年齢階級	国民医療費（億円）	構成割合（%）	人口一人当たり国民医療費（千円）
総数	430,710	100.0	339.9
65歳未満	171,195	39.7	187.0
0～14歳	25,392	5.9	162.9
15～44歳	52,690	12.2	122.7
45～64歳	93,112	21.6	282.1
65歳以上	259,515	60.3	738.3
70歳以上	210,445	48.9	834.1
75歳以上	161,095	37.4	921.5

（厚生労働省「平成29年度 国民医療費の概況」より抜粋）

態では労働効率も下がり、さらに労働時間が長くなるという悪循環に陥ります。こういった労働環境の悪化が、従業員への健康配慮の必要性を高め、健康経営が推進されるようになった側面もあります。

三　健康経営のメリット

――①生産性の向上

仕事をするにあたり、心身ともに健康な状態で臨む場合と、ストレスフルな状態で臨む場合では、その発揮できるパフォーマンスは大きく異なります。

従業員が心身ともに健康であれば集中力が増し、良好なパフォーマンスが期待できますが、身体やメンタル面で何らかの不調を抱えている状態では、単純なミスを繰り返してしまったり、作業速度が低下したりすることによりパフォーマンスが低下します。**健康経営によって従業員の健康管理を積極的に行なうことにより、従業員の心身のストレスが軽減し、仕事に対するモチベーションが上がるため、結果的に企業の生産性が上がる**ことが期待できます。

――②リスクマネジメント

従業員の健康不安は、企業にとって様々な面でリスクとなります。

従業員が急性心筋梗塞やくも膜下出血、あるいは今回の新型コロナウイルス感染症などに罹患した場合、その従業員は当面現場を離れざるを得なくなり、企業としては新たな人材確保が必要となり、求人募集から研修といった金銭的・時間的コストがかかります。

また、従業員が心身に問題を抱えていれば集中力が低下し、結果として通勤中や業務中の事故や不祥事が起こりやすくなります。通勤中や業務中に起こった事故で怪我をした場合は労災が適用され、その費用は企業が負担することになります。

従業員の病気や怪我の経緯が業務内容と関連していた場合、労働法に抵触する可能性がありす。違反に問われた場合には行政指導や懲罰の対象になる可能性もあり、企業にとってコスト面のみならずイメージの面でもマイナスポイントとなります。

こういった**金銭的・時間的コストやマイナスイメージの定着を防止する**という点において、健康経営は重要であるといえます。

――③医療費負担の軽減

従業員が病気になった場合の医療費は、自己負担分以外は企業が加入し保険料を支払っている健康保険組合や協会けんぽから支払われますが、重病に罹患する人が増えれば保険料率が上昇し、その分企業の金銭的負担は増えることになります。健康経営によって従業員全体の健康状態を維持できれば、最終的に**保険料率の上昇を防ぎ、企業の金銭的負担を抑制する**ことが期待できます。

――④企業イメージの向上

近年、「ブラック企業」という言葉が話題になり、労働者の長時間残業や、それに伴う過労死・自殺などの問題が社会的関心を集めています。こういった背景から、**求職者も「企業の従業員に対する配慮」に注目しているため、健康経営に取り組み従業員の健康に配慮することは社会的評価につながり、企業イメージの向上に貢献**します。実際、2016年度に経済産業省が行なった調査では、就活生の4割以上が「従業員の健康や働き方へ配慮している企業に就職したい」と回答しています（図4）。

図４　就職先に望む勤務条件等についてアンケート結果

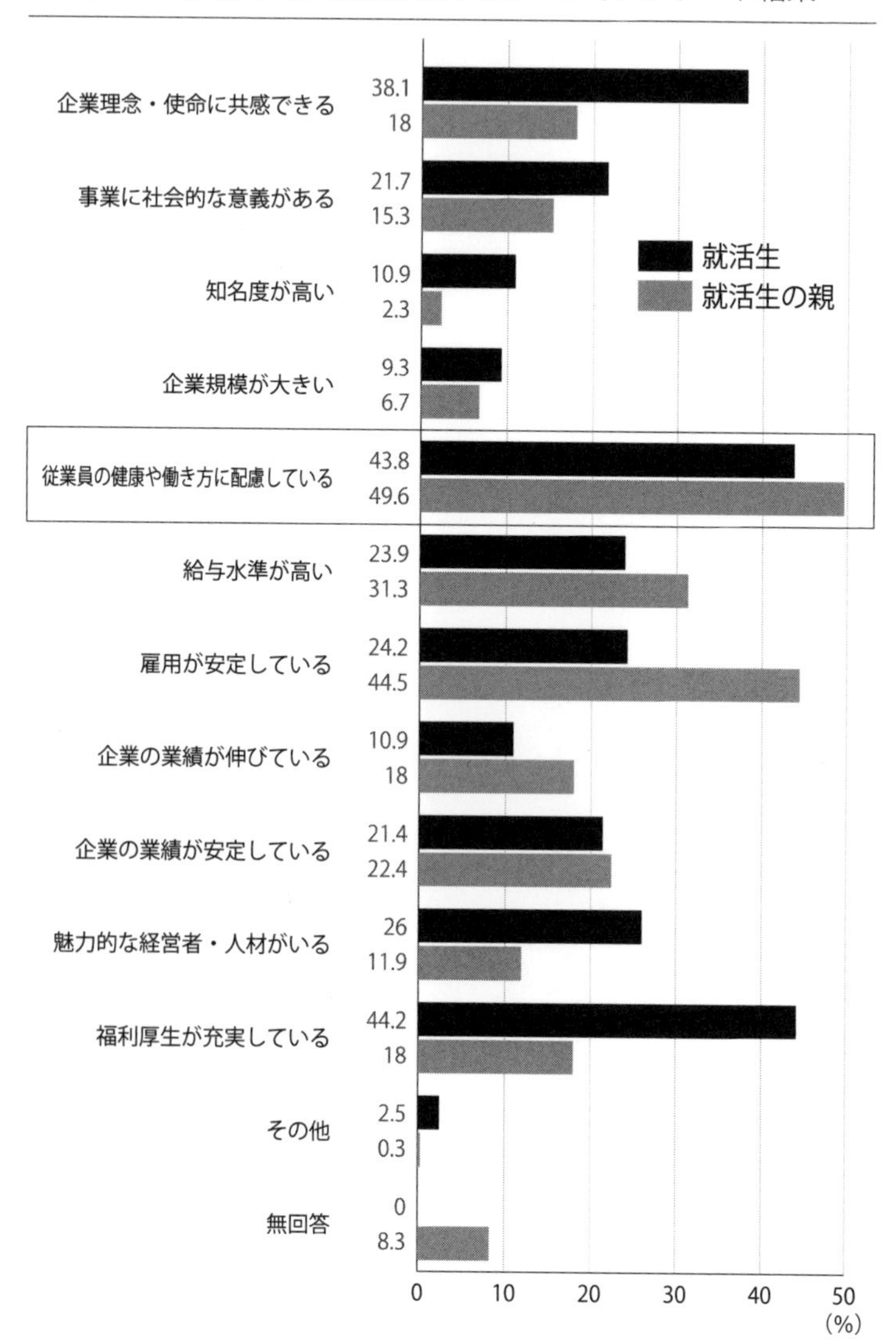

（経済産業省　「「健康経営銘柄 2018」及び「健康経営優良法人（大規模法人）2018」に向けて」より抜粋）

また、**経済産業省が、健康経営に取り組む優良な企業を「健康経営銘柄」や「健康経営優良法人」として顕彰しており、この認定を受けることができれば企業価値の向上が期待できます。**

――⑤従業員の定着・離職率の改善

従業員の健康へ配慮することは、**従業員の疾病への罹患による不可抗力的な離職を防ぐ**のに加え、前項④で述べたような**企業イメージの向上により従業員のモチベーションを高く保つことが可能となる**ため、従業員の満足度が向上し従業員の定着率が上昇することが期待できます。

四．健康経営銘柄と健康経営優良法人

前述のように、企業の健康経営を後押しする取り組みとして、経済産業省が認定する**健康経営銘柄**や**健康経営優良法人**といった制度があります。

――健康経営銘柄

健康経営銘柄は、経済産業省と東京証券取引所が共同で行なっている企業の認定制度で、健康経営に戦略的に取り組んでいる企業を選定し、公表するシステムです。東証一部上場企業の中から原則1業種1社が選ばれるのが特徴です。選定の基準は、①上場企業でかつ健康経営度調査に回答し、上位20％以内に入っていること、②重大な法令違反がないこと、③直近3年間の自己資本利益率（ＲＯＥ）が平均０％以上であること、の三つを満たすことされています。健康経営銘柄の選定要件を図５に示します。

――健康経営優良法人

健康経営銘柄は東証一部上場企業が対象ですが、上場企業に限らず、未上場の企業や、医療法人等の法人を対象とするのが健康経営優良法人という制度です。これには大規模法人部門と中小規模法人部門があり、大規模法人部門認定法人の中で、健康経営度調査結果の上位５００法人を特に「ホワイト５００」として認定します。なお、中小企業の場合、健康経営度調査に回答する必要はありません。健康経営優良法人の認定要件を図６に示します。

健康経営銘柄や健康経営優良法人に認定されることによって、企業としてはイメージ向上による採用応募数の増加や顧客満足度の向上などの効果が期待できます。また、**従業員としても、個々人の健康意識が高まり健康行動が誘発されるといったメリットがあります。**これらはいずれも図1に示した好循環サイクルを促進し、**企業の健康経営をさらに後押しする効果があります。**

五．健康経営の効果

――健康経営と従業員の健康状態

健康経営は、実際に効果があるのでしょうか？

２０１６年度の健康経営度調査の結果をもとに、東京大学等が大企業23社を対象に行なった分析では、健康経営度調査結果が高スコアの群は、低スコアの群と比較して年間医療費、メタボリックシンドローム該当率、各種リスク者率がいずれも有意に低いという結果が得られました（図７）。この結果から、**健康経営を実践することで従業員の健康状態**

（経済産業省ホームページより抜粋）

<table>
<tr><th rowspan="2">評価項目</th><th colspan="2">認定要件</th></tr>
<tr><th>銘柄・ホワイト500</th><th>大規模</th></tr>
<tr><td>健康宣言の社内外への発信（アニュアルレポートや統合報告書等での発信）</td><td colspan="2">必須</td></tr>
<tr><td>①トップランナーとして健康経営の普及に取り組んでいること</td><td>必須</td><td>左記①～⑮のうち
12項目以上</td></tr>
<tr><td>健康づくり責任者が役員以上</td><td colspan="2" rowspan="2">必須</td></tr>
<tr><td>健保等保険者と連携</td></tr>
<tr><td>健康課題に基づいた具体的目標の設定
※旧項目名：健康増進・過重労働防止に向けた具体的目標（計画）の設定</td><td colspan="2">必須</td></tr>
<tr><td>②定期健診受診率（実質 100%）</td><td rowspan="14">左記②～⑮
のうち
12 項目以上</td><td rowspan="14">左記①～⑮
のうち
12 項目以上</td></tr>
<tr><td>③受診勧奨の取り組み</td></tr>
<tr><td>④50 人未満の事業場におけるストレスチェックの実施</td></tr>
<tr><td>⑤管理職又は従業員に対する教育機会の設定
※「従業員の健康保持・増進やメンタルヘルスに関する教育」については参加率（実施率）を測っていること</td></tr>
<tr><td>⑥適切な働き方実現に向けた取り組み</td></tr>
<tr><td>⑦コミュニケーションの促進に向けた取り組み</td></tr>
<tr><td>⑧病気の治療と仕事の両立の促進に向けた取り組み（⑮以外）</td></tr>
<tr><td>⑨保健指導の実施及び特定保健指導実施機会の提供に関する取り組み
※「生活習慣病予備群者への特定保健指導以外の保健指導」については参加率（実施率）を測っていること</td></tr>
<tr><td>⑩食生活の改善に向けた取り組み</td></tr>
<tr><td>⑪運動機会の増進に向けた取り組み</td></tr>
<tr><td>⑫女性の健康保持・増進に向けた取り組み</td></tr>
<tr><td>⑬従業員の感染症予防に向けた取り組み</td></tr>
<tr><td>⑭長時間労働者への対応に関する取り組み</td></tr>
<tr><td>⑮メンタルヘルス不調者への対応に関する取り組み</td></tr>
<tr><td>受動喫煙対策に関する取り組み</td><td colspan="2" rowspan="2">必須</td></tr>
<tr><td>産業医又は保健師が健康保持・増進の立案・検討に関与</td></tr>
<tr><td>健康保持・増進を目的とした導入施策への効果検証を実施</td><td colspan="2">必須</td></tr>
<tr><td>定期健診の実施、健保等保険者による特定健康診査・特定保健指導の実施、50 人以上の事業場におけるストレスチェックの実施、従業員の健康管理に関連する法令について重大な違反をしていないこと、など</td><td colspan="2">必須</td></tr>
</table>

図５　健康経営銘柄2021選定基準及び健康経営優良法人2021（大規模法人部門）認定要件

<table>
<tr><th>大項目</th><th>中項目</th><th>小項目</th></tr>
<tr><td colspan="3">１．経営理念（経営者の自覚）</td></tr>
<tr><td colspan="2" rowspan="2">２．組織体制</td><td>経営層の体制</td></tr>
<tr><td>保険者との連携</td></tr>
<tr><td rowspan="13">3. 制度・施策実行</td><td rowspan="2">従業員の
健康課題の把握と
必要な対策の検討</td><td>対策の検討</td></tr>
<tr><td>健康課題の把握</td></tr>
<tr><td rowspan="4">健康経営の実践に向けた
基礎的な土台づくりと
ワークエンゲイジメント</td><td>ヘルスリテラシーの向上</td></tr>
<tr><td>ワークライフバランスの推進</td></tr>
<tr><td>職場の活性化</td></tr>
<tr><td>病気の治療と仕事の両立支援</td></tr>
<tr><td rowspan="6">従業員の心と身体の
健康づくりに向けた
具体的対策</td><td>保健指導</td></tr>
<tr><td>健康増進・
生活習慣病予防対策</td></tr>
<tr><td>感染症予防対策</td></tr>
<tr><td>過重労働対策</td></tr>
<tr><td>メンタルヘルス対策</td></tr>
<tr><td>受動喫煙対策</td></tr>
<tr><td>取組の質の確保</td><td>専門資格者の関与</td></tr>
<tr><td colspan="2">４．評価・改善</td><td>取組の効果検証</td></tr>
<tr><td colspan="3">５．法令遵守・リスクマネジメント（自主申告）</td></tr>
</table>

（経済産業省ホームページより抜粋）

<table>
<tr><th>評価項目</th><th colspan="2">認定要件</th></tr>
<tr><td>健康宣言の社内外への発信及び経営者自身の健診受診</td><td colspan="2">必須</td></tr>
<tr><td>健康づくり担当者の設置</td><td colspan="2">必須</td></tr>
<tr><td>(求めに応じて)40歳以上の従業員の健診データの提供※4. 評価・改善から移動</td><td colspan="2">必須</td></tr>
<tr><td>健康課題に基づいた具体的目標の設定
※旧項目名：健康増進・過重労働防止に向けた具体的目標(計画)の設定</td><td colspan="2">必須</td></tr>
<tr><td>①定期健診受診率（実質100%）</td><td rowspan="3">左記①～③のうち少なくとも1項目</td><td rowspan="16">左記選択項目①～⑮のうち6項目以上</td></tr>
<tr><td>②受診勧奨の取り組み</td></tr>
<tr><td>③50人未満の事業場におけるストレスチェックの実施</td></tr>
<tr><td>④管理職又は従業員に対する教育機会の設定</td><td rowspan="4">左記④～⑦のうち少なくとも1項目</td></tr>
<tr><td>⑤適切な働き方実現に向けた取り組み</td></tr>
<tr><td>⑥コミュニケーションの促進に向けた取り組み</td></tr>
<tr><td>⑦病気の治療と仕事の両立の促進に向けた取り組み(⑭以外)</td></tr>
<tr><td>⑧保健指導の実施又は特定保健指導実施機会の提供に関する取り組み</td><td rowspan="7">左記⑧～⑭のうち少なくとも1項目</td></tr>
<tr><td>⑨食生活の改善に向けた取り組み</td></tr>
<tr><td>⑩運動機会の増進に向けた取り組み</td></tr>
<tr><td>⑪女性の健康保持・増進に向けた取り組み</td></tr>
<tr><td>⑫従業員の感染症予防に向けた取り組み</td></tr>
<tr><td>⑬長時間労働者への対応に関する取り組み</td></tr>
<tr><td>⑭メンタルヘルス不調者への対応に関する取り組み</td></tr>
<tr><td>受動喫煙対策に関する取り組み</td><td>必須</td></tr>
<tr><td>⑮健康経営の評価・改善に関する取り組み</td><td></td></tr>
<tr><td>定期健診の実施、健保等保険者による特定健康診査・特定保健指導の実施、50人以上の事業場におけるストレスチェックの実施、従業員の健康管理に関連する法令について重大な違反をしていないこと、など</td><td colspan="2">必須</td></tr>
</table>

図６　健康経営優良法人 2021（中小規模法人部門）認定要件

<table>
<tr><th>大項目</th><th>中項目</th><th>小項目</th></tr>
<tr><td colspan="3">1．経営理念 (経営者の自覚)</td></tr>
<tr><td colspan="3">2．組織体制</td></tr>
<tr><td rowspan="12">3. 制度･施策実行</td><td rowspan="2">従業員の
健康課題の把握と
必要な対策の検討</td><td>対策の検討</td></tr>
<tr><td>健康課題の把握</td></tr>
<tr><td rowspan="4">健康経営の実践に向けた
基礎的な土台づくりと
ワークエンゲイジメント</td><td>ヘルスリテラシーの向上</td></tr>
<tr><td>ワークライフバランスの推進</td></tr>
<tr><td>職場の活性化</td></tr>
<tr><td>病気の治療と仕事の両立支援</td></tr>
<tr><td rowspan="6">従業員の心と身体の
健康づくりに向けた
具体的対策</td><td>保健指導</td></tr>
<tr><td>健康増進・
生活習慣病予防対策</td></tr>
<tr><td>感染症予防対策</td></tr>
<tr><td>過重労働対策</td></tr>
<tr><td>メンタルヘルス対策</td></tr>
<tr><td>受動喫煙対策</td></tr>
<tr><td colspan="3">4．評価・改善</td></tr>
<tr><td colspan="3">5．法令遵守・リスクマネジメント（自主申告）</td></tr>
</table>

図７　健康経営の効果

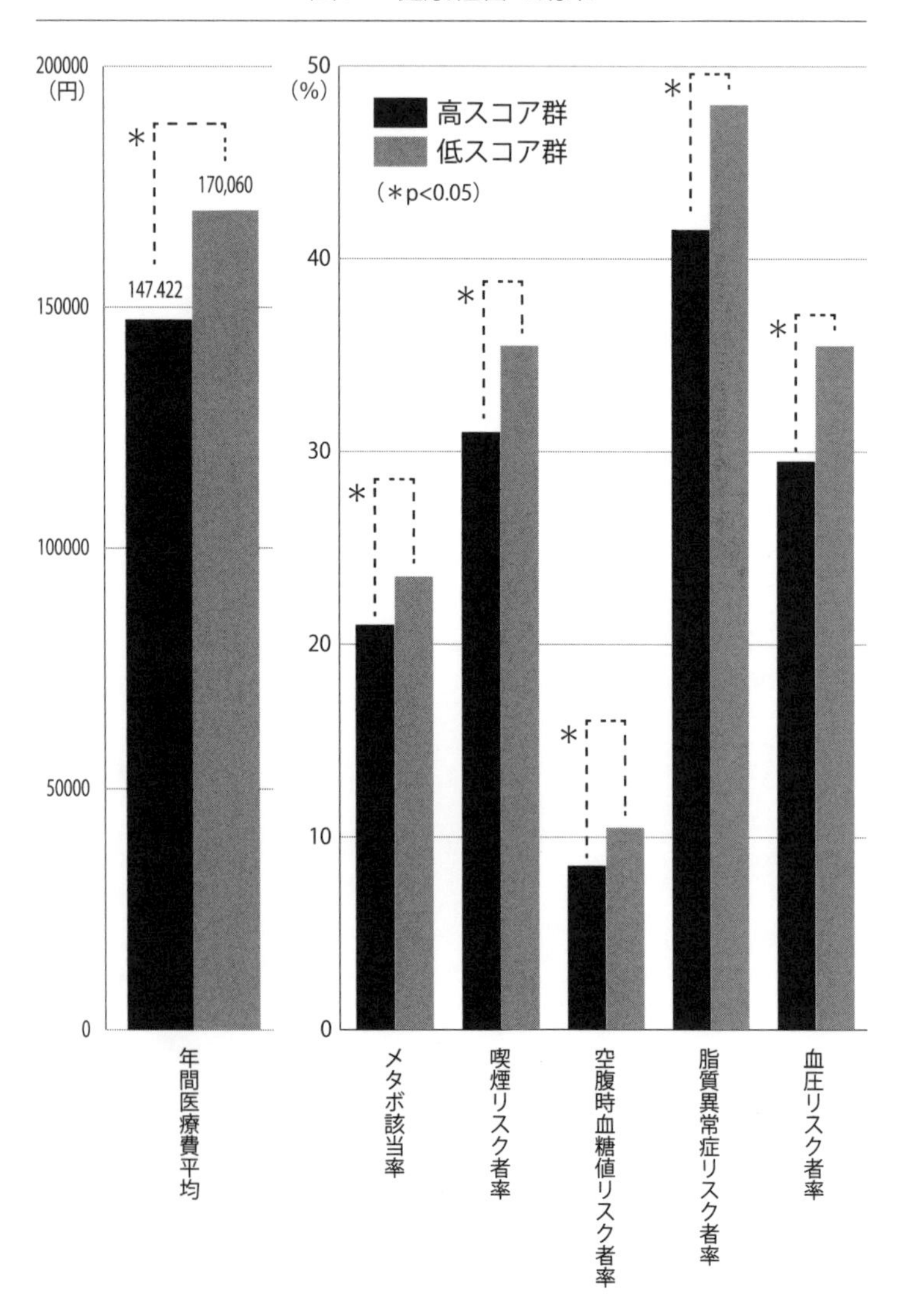

（経済産業省　「「健康経営銘柄 2018」及び「健康経営優良法人（大規模法人）2018」に向けて」より抜粋）

も向上するということがわかります。

六．不健康経営が企業に与える影響

――不健康経営とは

健康経営の対極にあるのが、企業を負のスパイラルへ追い込む「不健康経営」です。従業員の不健康状態を放置すれば、企業の生産性の低下や従業員の休職・退職の増加につながり、保険費を含む各種コストの増大も相まって企業の収益は低下し、健康投資ができなくなるという悪循環に陥ります（図8）。具体的には、ヒューマンエラーが多発する、退職が多く慢性的に人材が不足している、残業や休日出勤が多い、体調不良による遅刻・早退・欠勤が多い、有給取得率が低いといった特徴がみられる場合、その企業は不健康経営に陥っている可能性が高いといえます。また、現代ではインターネットの発達により、企業の評判はSNSや口コミサイトなどを通じてすぐに広がるため、右記のような職場環境についての評判が広がることにより企業イメージが悪化します。

図８　不健康経営による負のサイクル

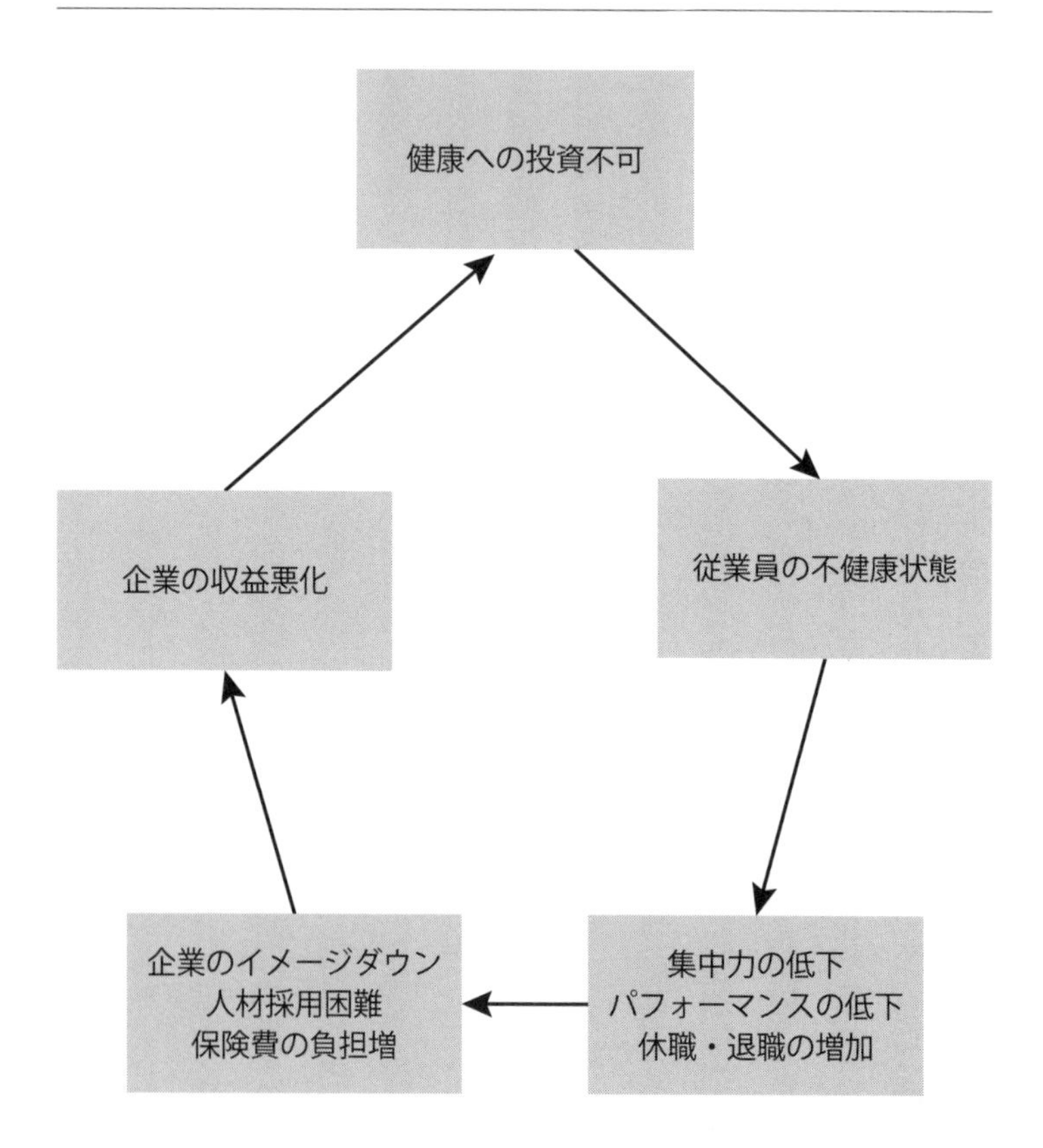

こういった負のサイクルを断ち切り健康経営に転換させるために、健康投資が必要になるのです。

七．健康経営を始めるには

――ＰＤＣＡサイクルによる健康経営の実践

では、健康経営はどのように始めればよいのでしょうか。

経済産業省は、前出の「企業の「健康経営」ガイドブック」の中で、健康経営を実践するためのステップを図９のように提唱していますが、その基本は「ＰＤＣＡサイクル」に則ったものといえます。

ＰＤＣＡサイクルとは、Plan（計画）・Do（実行）・Check（評価）・Action（改善）を繰り返すことによって、継続的に業務を推進・改善していく方法のことであり（図10）、様々なビジネスの分野で用いられている考え方ですが、健康経営を推進するためのＰＤＣＡの具体的な流れは次のようになります。

図９　健康経営を実践するためのステップ

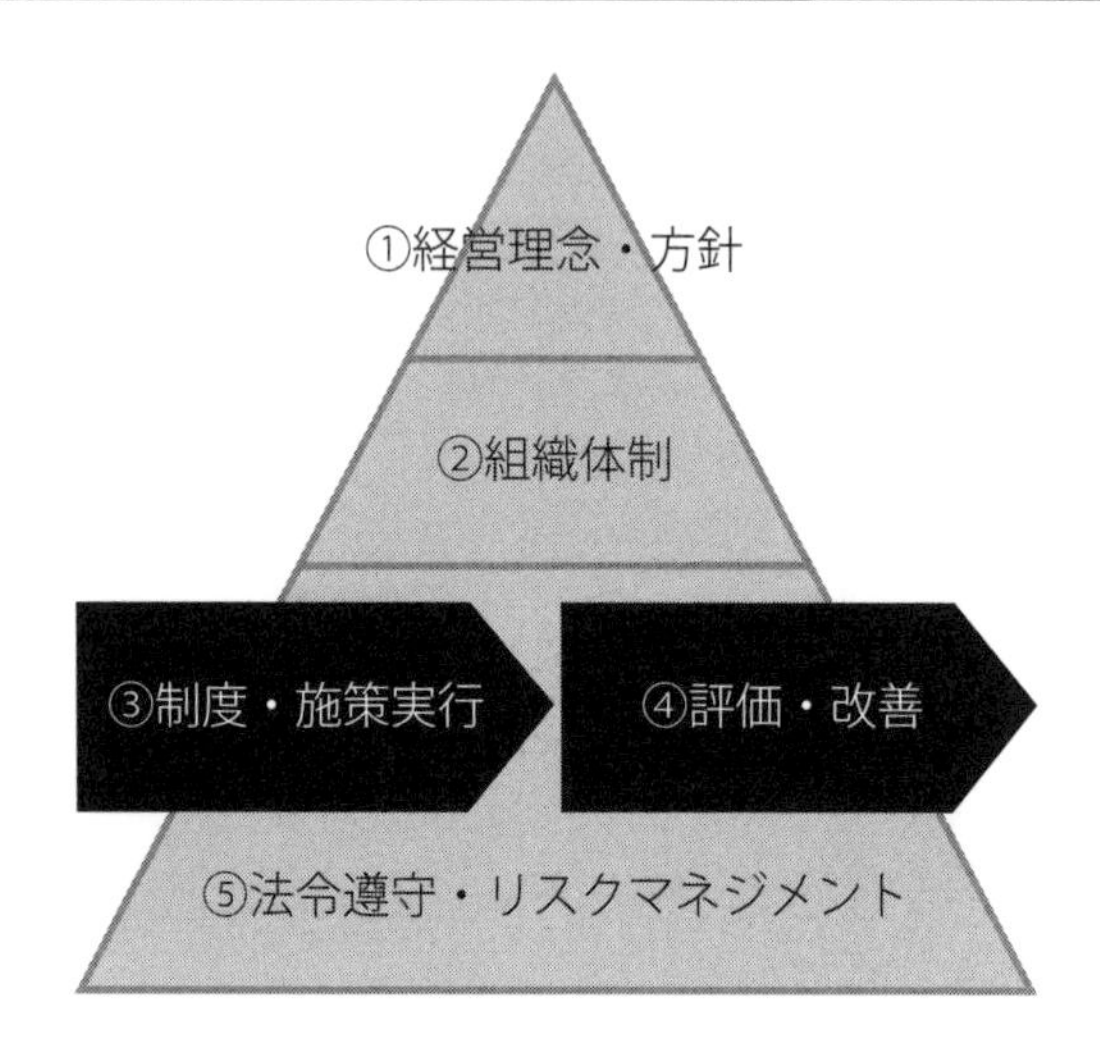

図 10　PDCA サイクル

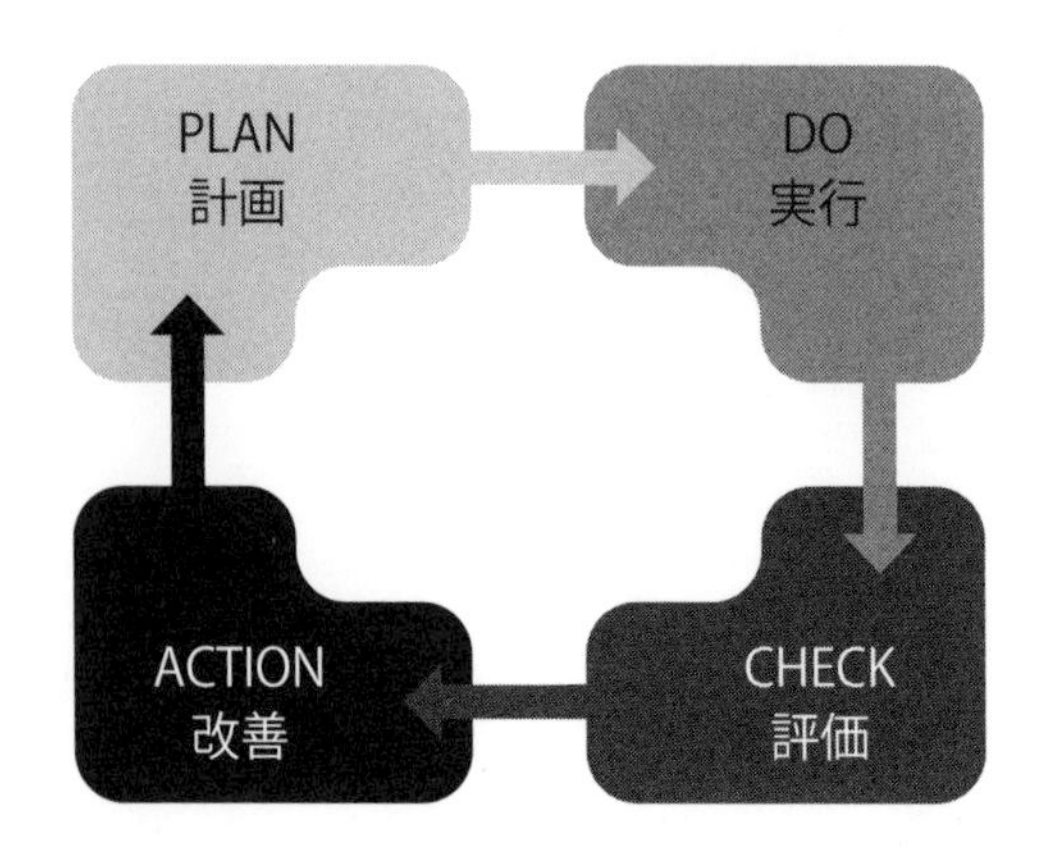

――①健康経営を経営理念・方針へ位置付ける（P）

従業員の健康を経営課題としてとらえ、実行力を伴って健康経営に取り組むためには、**まず経営者がその意義や重要性を認識・理解し、その理念・方針を社内外へしっかりと発信すること**が重要です。具体的には、健康経営を経営理念の中に明文化することで、企業として健康経営に取り組む姿勢を従業員や投資家などへメッセージとして発信します。

――②組織体制を作る（P）

次に必要なのは、**従業員の健康保持・増進に向けた実行力ある組織体制を構築すること**です。

組織の構築にあたっては、健康経営を推進する専門部署を設置するのが理想的ですが、それが難しければ人事部など既存の部署に専任職員・兼任職員を置くという方法もあります。また、取り組みの効果を高めるため、専門資格を持つ職員の配置や、担当する職員に対しての研修の実施なども重要になります。

また、このような全社的取り組みを実効的なものとするためには、経営トップ及び経営層全体において、その取り組みの必要性などが共有されることが重要です。そのため、従業員の健康保持・増進に関する取り組みについては、企画立案の段階から役員会での討議事項とするなど、組織体制を整備する必要があります。

――③制度・施策を実行する（D）

健康経営を実践する上では、自社の従業員の健康状態や健康上の課題を把握することが必要となります。そのためには、まず**企業と健康保険組合が保有している従業員の健康状態に関するデータを掛け合わせ分析する**ことが有効です。具体的には、企業が保有している定期健康診断の結果や長時間労働の状況等に関する情報と、健康保険組合が保有している特定保健指導に関するデータや治療・処方箋に関するレセプト情報などを掛け合わせて分析することにより、部署・業態別の健康課題の把握や、医療費を下げる、メンタルヘルス不調者を減らすといった具体的目標に向けた施策を検討する際に基礎となるデータを作成することができます。このデータをもとに、社内における具体的な健康課題を明らかにした上で、その解決に向けての具体的な計画を策定し、それに沿って施策を実行します。

――④取り組みを評価する（C、A）

取り組みを実施したら、その**効果を検証・評価し、次の取り組みに生かせるようフィードバックすることが必要**です。評価にあたっては、**ストラクチャー（構造）・プロセス（過程）・アウトカム（成果）の三つの視点**にて健康経営を評価することが重要になります。この三つの視点という評価の枠組みは、医療の質を評価するために米国のAvedis Donabedian博士が提唱したもので、様々な医療の場面で用いられていますが、健康経営に関する評価の対象は以下のような内容になります。

（ⅰ）ストラクチャー（構造）
健康経営を実践するために、経営層のコミットメントや人材・組織体制などが整っているか（評価項目：経営理念としての健康経営の位置付け、産業医、コメディカル等との連携体制、健保組合等保険者との連携の有無など）

（ⅱ）プロセス（過程）
健康経営を実践するにあたっての様々な施策が機能しているか（評価項目：健診受診率、保健指導実施率など）

（ⅲ）アウトカム（成果）
適切なストラクチャーにおいて、提供されるプロセスが、従業員の健康状態や企業利益

に結びついているか（評価項目：企業の生産性、従業員の健診結果・ストレスの有無など）

この一連の流れをＰＤＣＡサイクルに則って繰り返すことにより、さらなる改善施策を検討し続けることが重要になります。

八．健康経営の現状

――具体的な取り組み

では、健康経営の具体的な取り組みとはどのようなものなのでしょうか。

具体例として、２０１９年の健康経営銘柄に選定された企業の施策を挙げてみます。

◆30歳以上の従業員に対する人間ドック受診の義務化と、受診休暇制度の併施や費用の補助

◆産業医や保健スタッフによる全従業員を対象とした個別面談による健康課題の抽出とそれに対する施策の実施

◆就業時間内禁煙の規定化と禁煙外来受診費用の補助
◆全社的なウォーキングイベントの開催
◆健診結果・問診結果・レセプトの各データを突合分析し独自の「健康スコア」を算出
◆健診結果を分析し、課題に合わせた健康メニューを開発して社内食堂で提供

これらはいずれも健康経営銘柄の選定対象となる東証一部上場企業の例ですが、健康経営優良法人の対象となる未上場の企業や医療法人などでも様々な取り組みが行なわれています。

――新型コロナウイルスの影響

前項で述べた取り組みはいずれも従業員の健康増進に有効なものですが、新型コロナウイルス感染症の流行により、これらの取り組みは岐路に立たされています。なぜなら、**新型コロナウイルス感染症は社会の慣習や企業における働き方を根底から変えてしまったか**らです。

◆健診の中止

定期健診や人間ドックは、従業員の健康増進をはかる上で非常に有効な手段ですが、新型コロナウイルスの感染拡大により医療資源が逼迫している状況下では必然的に後回しになります。健診会場は人が密集しやすいこともあり、3密（密閉・密集・密接）の回避という点からも感染流行期の健診実施は望ましくありません。実際、緊急事態宣言の発令に伴い、厚生労働省からは対面や集合形式で行なう健診については実施しないよう通達が出されました。

◆社内イベントなどの中止

感染拡大を防ぐための出社制限により、運動促進イベントの実施や社員食堂の利用も困難となりました。こういった取り組みも、従業員が一堂に会した状態で行なわれることが多いため3密になりやすく、感染症が流行している間は実施が難しいと考えられます。

◆産業医面談などの実施困難

産業医や他の保健スタッフも出社が制限され、対面による従業員との面談も実施が困難になりました。代替手段としてWeb会議ツールなどを用いたオンライン面談などが検討されるべきですが、企業側のシステムが整っていないケースもあり、もともと予定されていた面談も延期、見送りとなっている企業も散見されます。

コロナ後の健康経営では、こういった**対面・集合の制限に対していかに柔軟に対応できるか**が重要であり、またそもそもの発端となった**感染症罹患のリスクをどのようにしてマネジメントしていくか**が課題であるといえます。

九．新型コロナウイルスが不健康経営を助長する

新型コロナウイルス感染症の流行は、様々な形で不健康経営の負のサイクルを助長するように働きます。以下にその具体例について述べていきます。

――①従業員の新型コロナウイルス感染

従業員が新型コロナウイルスに感染した場合、現状では一定期間の入院や隔離が必要とされており、また周囲の人も濃厚接触者として検査や隔離が必要となるケースもあるため、**現場への人的ダメージ**は大きなものとなります。また、場合によっては事業所そのものの営業停止が指示される可能性もあるため、**企業のイメージや業績にも大きなダメージを与えます。**

——②生活習慣病の悪化

もともと生活習慣病を有する従業員の中には、仕事がテレワークに移行し在宅勤務が増えたことから運動不足となって体重が増加したり、また新型コロナウイルスの院内感染を恐れて通院・治療を自己中断した結果として糖尿病、高血圧などのコントロールが悪化するケースがみられています。**生活習慣病のコントロールの悪化は、心血管疾患などのより重篤な疾患を引き起こす可能性があり、最終的には従業員の職場からの長期離脱という事態に至る**ため、やはり企業にとっての人的ダメージは大きなものとなります。

——③従業員のメンタルヘルス不調

新型コロナウイルスの流行により、従業員がメンタルヘルス不調をきたすケースも多数報告されています。これは在宅勤務や出社制限など、労働環境が急激に変化して従業員のストレスは増大しているにもかかわらず、同僚や上司とのコミュニケーションは減少しているため、メンタルヘルス不調の発見が遅れやすくなることが原因の一つに挙げられます。

また、新型コロナウイルス感染症の特徴として、診断がつきにくい、治療法が確立されていない、一部の人で突然重症化するといったことがあり、これらの特徴がストレス要因になりやすいことも大きな原因です。ただでさえ不慣れな労働環境に加え、新型コロナウイルスに対する不安が**従業員のパフォーマンスを大きく低下させる**であろうことは想像に難くありません。

――④経済活動の停滞

新型コロナウイルスの流行により経済活動が停滞することによって、多くの企業で業績が悪化しました。新型コロナウイルス感染症の先行きが不透明なことから、今後は企業内で様々な予算が削られる可能性があります。そのため、**健康投資への予算を削減**する企業も出てくるかもしれません。これは不健康経営のサイクルを助長することになりかねず、さらに企業の業績を悪化させる危険性があります。

――対応策は？

これらの問題点を解決し、不健康経営のサイクルを断つには、企業としてどのような対応策をとるのが効果的なのでしょうか。

◆感染症対策の徹底

「①従業員の新型コロナウイルス感染」に関しては、**感染症予防を徹底**することが有効です。新型コロナウイルスに関しては、各国がワクチンの開発を急ピッチで進めており、２０２１年初頭には供給が開始されるという報道もありますが（８月現在）、その有効性や安全性については明らかでない部分が多く、供給されたからといってすぐに流行が終息するとは限りません。そのため、より一般的な感染症の予防策の徹底や、インフルエンザをはじめとした他の感染症への罹患によるさらなる人的ダメージを防ぐための予防策が重要になります。これらの対策の具体的な内容については第二章で詳述します。

◆教育と情報提供

「②通院中断による体調不良」と「③従業員のメンタルヘルス不調」については、**従業員に対する教育と正しい情報提供**が基本になります。通院を自己中断することがいかにハイリスクな行為であるかといった教育や、感染症に対するやみくもな不安を取り除くための正しい情報提供を行なうことで、これらの問題はある程度解決することが可能になります。そのためには、管理職や健康経営の担当者が正しい知識や最新の情報を提供できるようにリテラシーを高めることが基本になります。

生活習慣病については第三章で、メンタルヘルスについては第四章でそれぞれ詳述します。

◆経営の継続

④に関しては、もちろん各企業の業績が回復して健康投資への予算が捻出できるようになるのが理想的ですが、問題の根本に「社会全体の不安」が関係しているため、個別の企業の努力のみでは解決が難しい側面があります。人々の感染に対する不安や恐怖心が、移動やお互いの交流を制限し、その結果として全体の経済規模が縮小しているため、人々の

不安や恐怖心が取り除かれない限り、経済の速やかな回復は難しいと考えられます。この問題は、新型コロナウイルスの致死率などについての詳細なデータが揃い、適切な対応策が確立されるか、安全かつ有効なワクチンや治療薬が普及することにより社会全体の不安が解消することによりようやく解決するものと思われます。そのためには年単位の時間を要すると考えられるため、企業としては、その時点まで**経営を継続させることそのものが対応策になる**といえます。

第二章　健康経営の具体的対策①　感染症

――感染症対策の変化

コロナ後の健康経営では、感染症対策が重要になります。

これまでの企業の感染症対策は、どちらかといえば感染症が流行している地域に派遣する社員の対策や、またそのような地域から来日する外国人労働者への対策に主眼が置かれていました。もちろん、季節性インフルエンザなどに対し、うがいや手洗いの励行などは行なわれていましたが、徹底して行なわれていたかどうかはまた別問題であり、毎年多くの労働者が季節性インフルエンザに罹患し休業を余儀なくされているのが現状です。

しかし、新型コロナウイルス感染症の流行により、この状況は大きく変わろうとしています。当面は海外との人の往来は以前と比較して大幅に制限されると考えられるため、感染症対策における海外への派遣社員や外国人労働者への対策が占めるウエイトは下がる一方、**企業としては、社内で集団感染などが発生すれば企業イメージにもかかわるため、今後は新型コロナウイルスはもちろんのこと、他の感染症に関しても予防に努めることが重要です。**

感染症の原因となる病原体は千差万別であり、各々特徴は異なります。そこで本章では、現在流行している新型コロナウイルス感染症を含め、職域にかかわり、かつ企業による対策の有効性が期待できる感染症について、その特徴と対策について述べたいと思います。

一．新型コロナウイルス感染症

まず、新型コロナウイルス感染症についてですが、このウイルスは世に現れてからまだ日が浅く、その実態に関しても不明な点が多くみられます。以下に、現段階で判明していることを述べていきます。

——新型コロナウイルス感染症とは

新型コロナウイルス（正式なウイルス名：SARS-CoV2）は、ヒトを含めた哺乳類、鳥類などに広く存在するウイルスであるコロナウイルスの一種です。従来のコロナウイルスは一般的な風邪の原因となるウイルスですが、２００２年に発生したＳＡＲＳ（重症急性呼吸器症候群）や２０１２年に発生したＭＥＲＳ（中東呼吸器症候群）のような重症感染症の原因となることもあります。

新型コロナウイルスは2019年に中国湖北省武漢市付近で発生が初めて確認され、その後はご存じの通り、新型コロナウイルス感染症（正式名称：COVID-19）の世界的流行（パンデミック）を引き起こしています。

――感染経路

このウイルスの感染経路は、**飛沫感染、接触感染、エアロゾル感染**があり、ウイルスは（少なくとも）3時間程度は室内の空気中をエアロゾルとともに漂いつづけ感染力を持ち続けるということが確認されています。

飛沫感染とは、感染した人が咳やくしゃみをすることでウイルスを含む飛沫（直径5μm以上の水滴）が飛散し、これを健康な人が鼻や口から吸い込み、ウイルスを含んだ飛沫が粘膜に接触することによって感染する状態のことをいいます。感染を引き起こしうる飛沫の飛距離は1m程度といわれています。飛沫感染は空気感染とは異なります。

接触感染とは、感染者から排出された病原体を含む唾液などに汚染されたものに触ることによって起こる感染の方法で、それらに直接皮膚や粘膜で触れることでも、物を介して間接的に触れることでも起こります。

エアロゾルとは粉塵や煙、ミスト、大気汚染物質などといった空気中に浮遊している粒子のことで、これらの粒子に付着したウイルスを介して感染することをエアロゾル感染といいます。

――症状と経過（図11・12）

新型コロナウイルスの潜伏期間は、現在の推定では1～12・5日といわれており、多くの場合、感染から5～6日程度で発症します。初期症状として、発熱、咳、喉の痛み、鼻水、だるさなどといった、通常の風邪と同じような症状がみられますが、**嗅覚や味覚がマヒする**という症状も報告されています。これらの症状は1週間程度で軽快し、そのまま治癒することが多いですが（約80％）、一部には**肺炎**をきたし呼吸困難などの症状がみられる場合もあります（約20％）。肺炎に至っても症状に対する治療によって治癒することが多いですが、肺炎が重症化（全体の2～3％）すると**急性呼吸窮迫症候群**（**ARDS**）や**敗血症性ショック**、**多臓器不全**、**血栓症**などが起こり、場合によっては**死に至るケースもあります**。

また、感染しても全く症状の出ない人もいます。症状がない場合、その人が持っている

図 11　新型コロナウイルス感染症の経過（軽症例、全体の 80%）

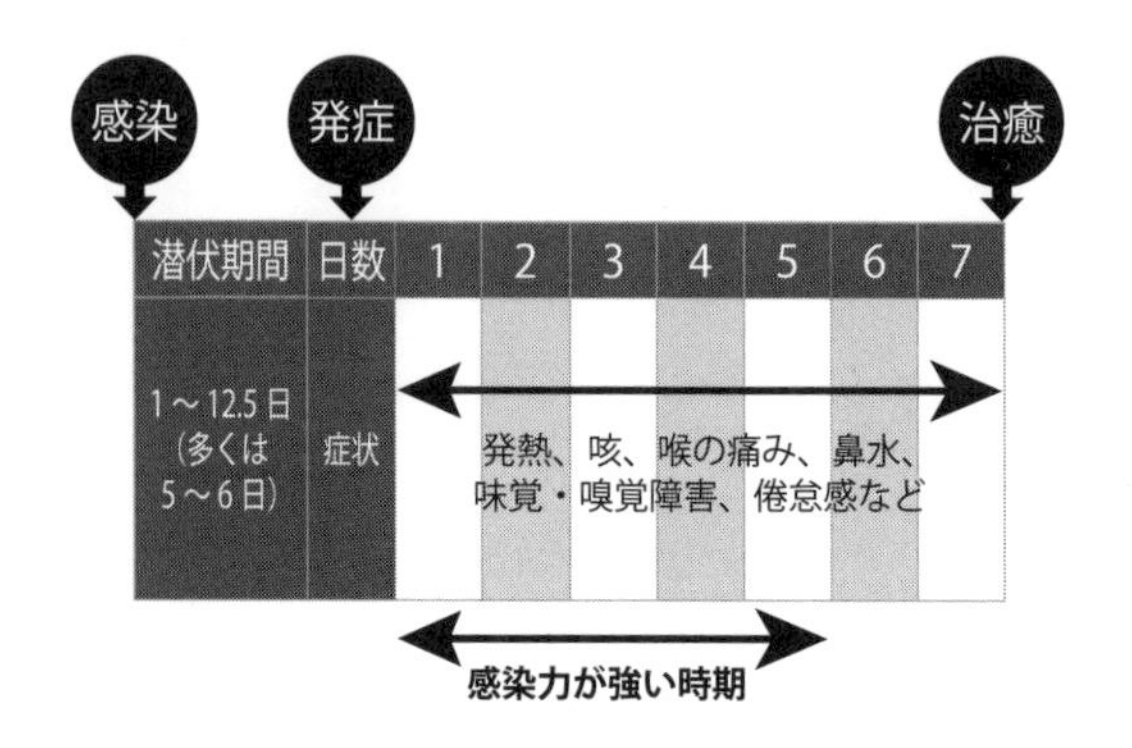

図 12　新型コロナウイルス感染症の経過（重症化例、全体の 20%）

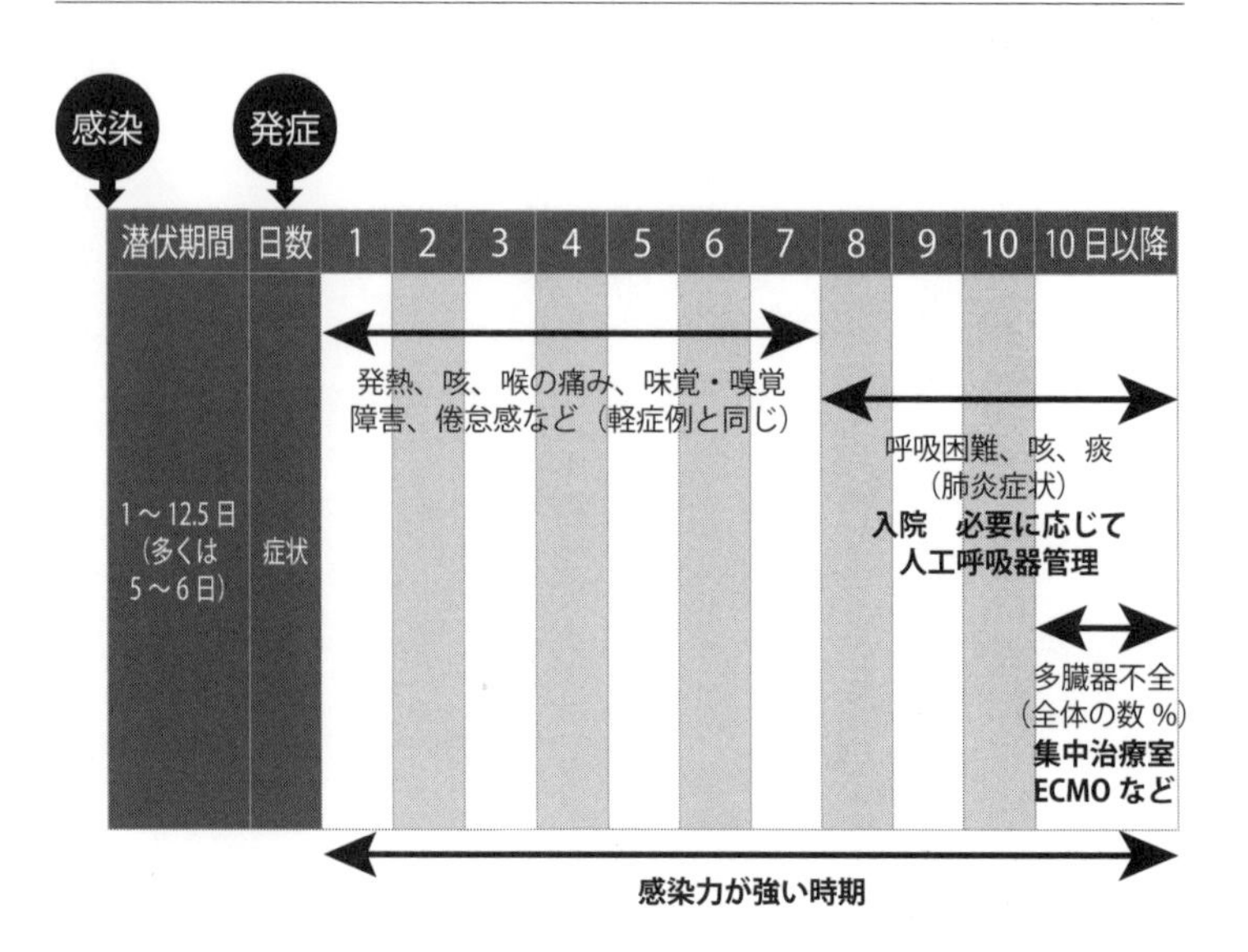

ウイルスを気付かないまま他の人に感染させることが問題になります。

――予防

前章でも述べたように、新型コロナウイルスのワクチンは開発が進められているものの、完成しても一般診療で使用可能になるのは早くても２０２１年初頭になると思われます。そのため、**現段階では新型コロナウイルスに特化した予防策というものはなく、一般的な感染症対策を徹底する必要があります。**

前述の通り、このウイルスの感染経路は飛沫感染、接触感染、エアロゾル感染になるため、これらの感染経路をブロックする対策が必要になります。

常時行なっておく対策としては、飛沫感染予防のための職場内でのマスク着用の義務化や**就業中の間隔の確保**、接触感染予防のための**従業員の手洗い・手指の消毒・職場の定期的な消毒**、エアロゾル感染予防のための**職場の換気**などが挙げられます。また、これらの対策に必要な**マスクや消毒液などの調達と備蓄**なども必要になります。

また、今後の再流行を想定し、**テレワーク・交代勤務・時差出勤などの体制を整備しておく**ことが必要です。緊急事態宣言が発令されている間はテレワークを行なっていても、宣言解除後は再び出社を義務付けている企業は少なくありません。従業員同士の交流からイノベーションが生まれるということもあるため、出社をすることが悪いというわけではありませんが、今後感染者や重症者が急増して再び人の移動が制限される事態となった場合、速やかにテレワークに切り替えられるようなシステムを構築しておく必要があります。

もし従業員に発熱を認め、咳や呼吸困難などの症状を呈していた場合、新型コロナウイルスを含めた呼吸器感染症の可能性があり、出社することにより職場内で感染が蔓延するリスクがあることから、該当する従業員を休ませることが必要です。これも新型コロナウイルスに限らず、一般の風邪やインフルエンザも同様の危険性があるため、あらゆる感染症を予防するのに有効です。これには、**日ごろから従業員に体調不良の場合は速やかに報告するように教育することと同時に、「体調が悪い」と言いだしやすい環境を整えておくことが重要**になります。

ここで注意すべき点は、安易に**自宅待機のみを指示すべきではない**ということです。確かに企業に勤める従業員の平均年齢は比較的若く、ほとんどの場合、前項の症状の原因は軽度のウイルスもしくは細菌感染であるため、おそらく自宅で安静にしていれば自然軽快するものと思われます。しかし、中には重症の肺炎など入院加療が必要なケースもあり、本人の自覚症状からのみでは診断が困難であるため、**医療機関を受診しておくに越したことはありません。**そのためには、**従業員が医療機関を受診しやすい体制を整備しておく**ことが重要です。

――治療

治療に関しては、レムデシビル（商品名：ベクルリー）やナファモスタット（商品名：フサン）、ファビピラビル（商品名：アビガン）などの治療薬に関するデータが現在集められているという状態ではあるものの、未知の部分が多いウイルスであるため、**決まった治療法は確立しておらず**、重症化した肺炎に対して人工呼吸器や体外式膜型人工肺（ECMO）での対症療法を行なっているというのが現状です。今後、治療薬に関するデータが揃い、また新しい治療薬が開発されれば特異的な治療法も確立されてくると思いますが、現段階ではやはり**徹底的に予防して罹患しないようにするのが得策**でしょう。

いずれにしても、新型コロナウイルスに関してはまだまだ未知の部分が多く、またウイルスは変異することによりその特徴が変化することもあるため、今後どのような経過をたどっていくかを正確に予測するのは困難です。**現在正しいと考えられている知見も変わっ**

ていく可能性があるため、企業としても常に最新の動向に気を配り、臨機応変に対応していく必要があると思います。

二．季節性インフルエンザ

新型コロナウイルス以外の感染症への対策も重要です。従業員に休業を余儀なくさせるという点では、新型コロナウイルスもその他の感染症を引き起こす病原体も変わりはありません。特に季節性インフルエンザは、感染力も強く、重症化すれば死亡するリスクもある感染症であるため、注意が必要です。

――季節性インフルエンザとは

季節性インフルエンザは、インフルエンザウイルスによって引き起こされます。インフルエンザウイルスは、オルトミクソウイルス科に属するウイルスで、A型、B型、C型の三つに分類されます。これらのうち、毎年人間の間で流行を繰り返すのはA型とB型になります。例年、11月から3月頃にかけて流行します。

インフルエンザウイルスは、遺伝子の型が変わる変異が起こりやすいため、毎年少しずつ型が変わっていきます。一般に、人の体内に病原体が入ると、それを攻撃するための抗体が作られ、その後は同じ病原体による感染症には罹患しにくくなります。しかし、インフルエンザの場合、ウイルスの変異が起こりやすいため、一度罹患した人が獲得した抗体も変異したウイルスには効果を発揮しないことが多く、インフルエンザが毎年流行する主な理由となっています。また、この変異によって生まれた新しい型のインフルエンザウイルスが世界的に大流行することがあり、１９１８年から１９２１年にかけて流行したスペイン風邪や、２００９年に流行した新型インフルエンザがこれに該当します。

――感染経路

インフルエンザウイルスの感染経路も、新型コロナウイルスと同様に**飛沫感染**、**接触感染**、**エアロゾル感染**です。

――症状と経過（図13）

感染後、1日から3日ほどの潜伏期間を経て、発熱（38度以上が多い）、関節痛、筋肉痛、頭痛、食欲不振などが出現します。同時～少し遅れて咳、喉の痛み、鼻水などの呼吸器症状も出るようになり、3日から5日ほどで解熱します。呼吸器症状は1週間から10日ほどで落ち着き、治癒に至ります。

乳幼児、妊婦、高齢者や、呼吸器疾患や心疾患といった持病のある人の場合、インフルエンザが重症化し、**肺炎やARDS、脳症**などを発症する場合があり、最悪の場合は**死に至ることもあります。**

インフルエンザの診断は、迅速診断キットを用いて行なうのが一般的ですが、この検査はウイルス量がピークに達する発症から12時間から48時間の間に行なうのが最適といわれています。これより前の時間だとまだウイルス量が少ないために検出されず、後の時間だとウイルス量が徐々に減少し、この場合もキットに反応しなくなってしまう可能性があります。

――予防

新型コロナウイルスとの大きな違いは、**インフルエンザには現段階で効果が確立されて**

図 13　季節性インフルエンザの経過

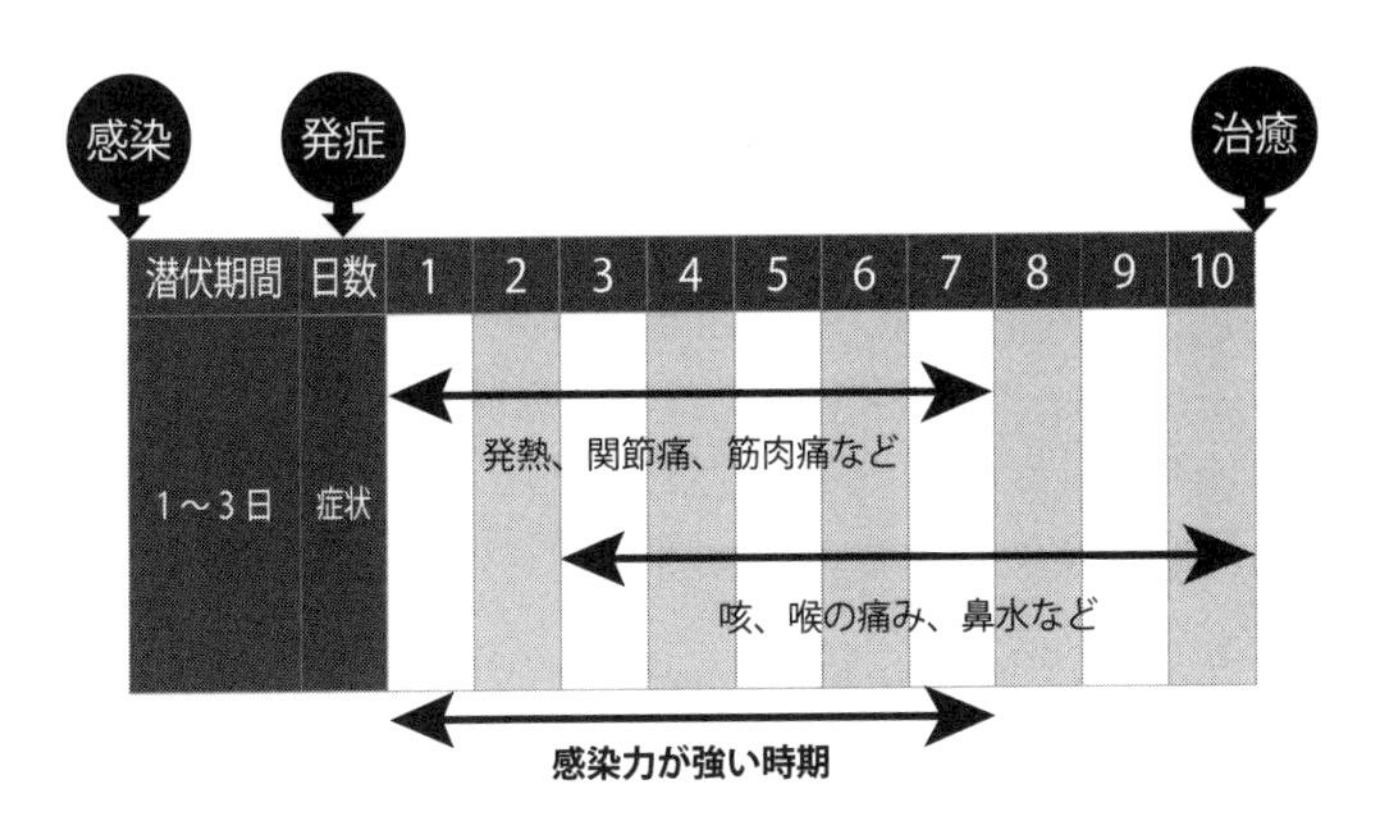

表 2　新型コロナウイルス感染症と季節性インフルエンザの比較

	新型コロナウイルス感染症	季節性インフルエンザ
症状	発熱、咳、咽頭痛、嗅覚・味覚障害、肺炎など	発熱（38度以上が多い）、関節痛、筋肉痛、頭痛など
潜伏期間	1～12.5日（多くは5～6日）	1～3日
感染経路	飛沫感染、接触感染、エアロゾル感染	飛沫感染、接触感染、エアロゾル感染
ワクチン	開発中（2020年8月現在）	あり
治療薬	レムデシビル（ベクルリー）、ナファモスタット（フサン）、ファビピラビル（アビガン）などが治療薬候補	オセルタミビル（タミフル）、ザナミビル（リレンザ）、ラニナミビル（イナビル）、バロキサビルマルボキシル（ゾフルーザ）など

いるワクチンがあるということです。

インフルエンザワクチンは、抗体を作るために必要な成分のみを、ウイルスから取り出して作られた「不活化ワクチン」です。接種することにより抗体が産生され、呼吸器粘膜へ滲出（しんしゅつ）し、感染した時のウイルス増殖を抑制し、発症、重症化を阻止します。しかし、前述のようにインフルエンザウイルスは変異しやすく、年によって流行する型が異なるため、ワクチンは毎年接種する必要があります。

インフルエンザワクチンは発症を予防する効果は高くないものの、**重症化の予防には有効**であるため、重症化して感染力が強くなった状態の従業員を介して社内にインフルエンザが蔓延するという事態を防ぐのに有効であるといえます。第一章で述べた経済産業省による健康経営銘柄や健康経営優良法人の認定に際しても、インフルエンザや麻疹、風疹などの予防接種の社内実施や費用補助について言及されており、ワクチン接種が推奨されていることがわかります。重症化による人的ダメージの観点から考えても、従業員にインフルエンザワクチン接種を流行前に摂取させることは有意義であると考えられます。企業が行なう具体的な対策としては、**予防接種の社内実施や費用補助、予防接種を受けるための就業時間認定または特別休暇などの制度的配慮**などが挙げられます。

しかし、ワクチンがあるといっても、**手洗い、消毒、換気といった一般的な感染症予防対策をとることが予防の基本**であることは、新型コロナウイルスと変わりません。実際に、新型コロナウイルス感染症が流行し、例年以上に手洗い、マスク着用等の対策が徹底して行なわれた２０１９年から２０２０年にかけては、例年と比べてインフルエンザの罹患者が少なかったという結果がそれを証明しています。今後、新型コロナウイルス感染症の流行が収束しても、一般的な感染症予防対策は継続すべきであると考えます。

――治療

インフルエンザの治療薬としては、オセルタミビル（商品名：タミフル）やザナミビル（商品名：リレンザ）、ラニナミビル（商品名：イナビル）、バロキサビルマルボキシル（商品名：ゾフルーザ）などがあります。これらの治療薬はウイルス量がピークに達する発症から48時間以内に開始すると発熱期間が1日から2日ほど短縮され、体の外に出るウイルスの量も減少すると言われています。

文部科学省による学校保健安全法では、インフルエンザ罹患後の出席停止期間は「発症した後5日を経過」し、かつ、「解熱した後2日」で、最低「発症した後5日を経過」するまでと規定されています。社会人の場合、出社停止期間は法的に決められておらず、企業によっては独自の基準を設けているところもありますが、現実的には症状が改善しても数日は休業するケースが多いと思われます。これは職場における人的ダメージを伴うため、やはり**罹患してから治療するよりはワクチン接種を含めた予防策を徹底する方が企業としては望ましい**と考えられます。

表2に、新型コロナウイルス感染症と季節性インフルエンザの特徴についての比較を載せておきます。

三．麻疹（はしか）

――麻疹とは

麻疹は、麻疹ウイルスによる感染症です。麻疹というと一般的には子供の病気というイメージがあるかもしれませんが、日本においてはワクチンの接種率が他国と比較して低いこともあり、大人でも罹患するケースがみられ、２００７年には大学生の間で流行がみられました。近年では、海外からの訪問者や海外渡航者がウイルスを国内に持ち込む例も散見されます。

——感染経路

感染経路は主に**空気感染**ですが、**飛沫感染**、**接触感染**も起こります。ちなみに空気感染とは、飛沫から水分が蒸発してさらに小さな微粒子となり、そこにウイルスが付着して空気中を広範囲にわたって漂い、それを吸い込んで感染するものです。空気感染する病原体は非常に感染力が強く、麻疹ウイルスも例外ではありません。麻疹ウイルス抗体を持たない人が麻疹患者に接した場合、ほぼ１００％感染すると言われています。

——症状と経過（図14）

感染後、約10日程度の潜伏期間を経て、発熱、咳、鼻水、倦怠感といった風邪のような症状や目やになどの結膜炎症状が現れます。これが3日前後続き半日程度解熱した後、高熱（39度以上）と発疹が出現します。発疹は耳の後ろや顔から出始め、次第に全身に拡大

図 14　麻疹の経過

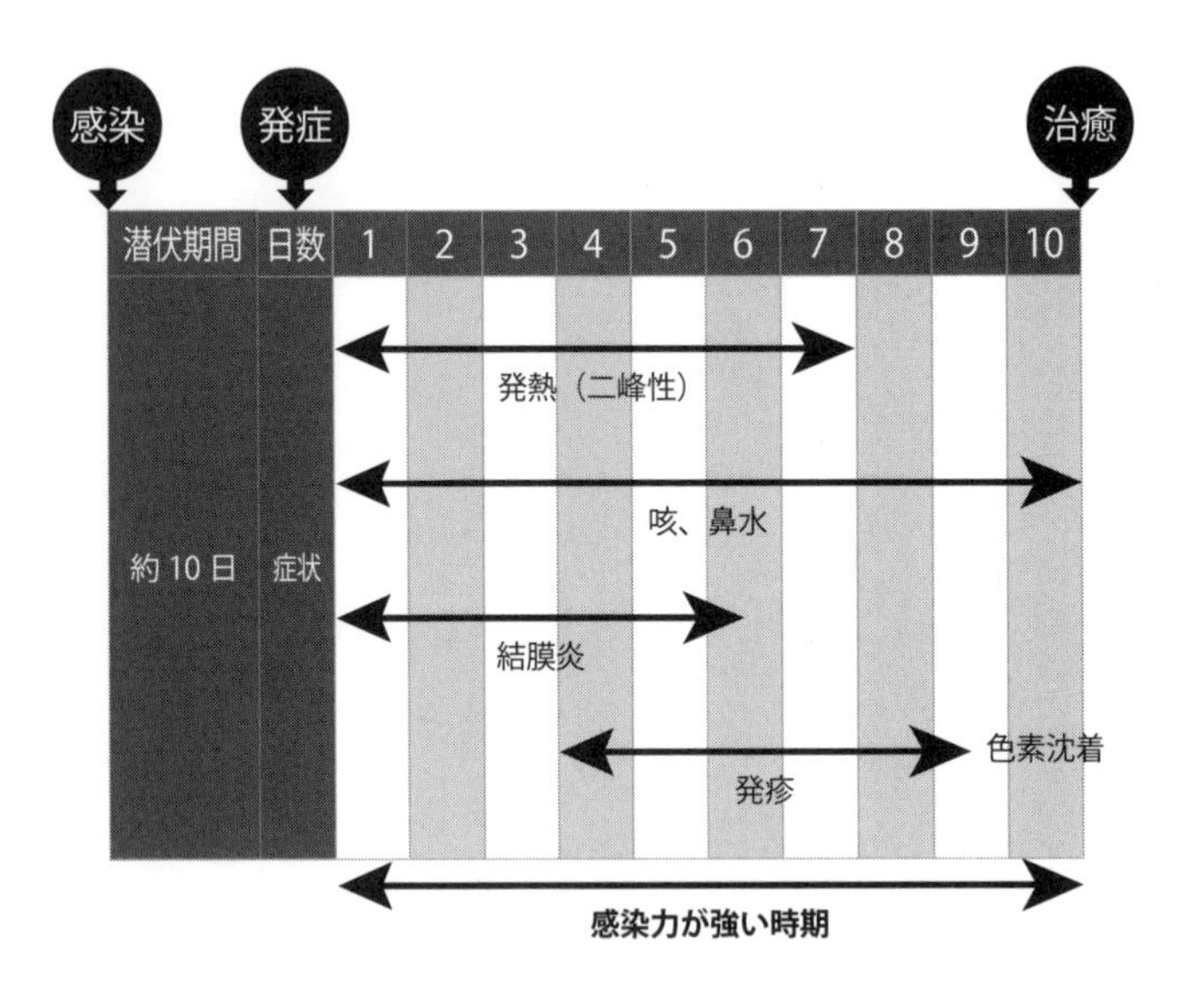
感染
発症
治癒
潜伏期間
日数
1
2
3
4
5
6
7
8
9
10
約 10 日
症状
発熱（二峰性）
咳、鼻水
結膜炎
発疹
色素沈着
感染力が強い時期

します。高熱は3～4日程度続いた後に解熱し、全身状態も徐々に回復して、合併症がなければ1週間程度で症状は軽快します。発疹も出現してから5～6日後に消退し、色素沈着を残します。合併症としては**肺炎、脳炎、中耳炎**などがありますが、特に肺炎や脳炎を合併した場合は重症化することが多く、先進国であっても**1000人に1人は死亡**するといわれています。

――予防

麻疹は肺炎や脳炎などを合併し重症化すると最悪の場合死に至りますが、**麻疹には特別な治療法はなく、対症療法を行なうしかありません**。そのため、麻疹に関してもやはり**予防が重要**になります。

しかし、麻疹は空気感染するため、手洗いや通常のマスクでは感染を防ぐことはできません。最も有効な予防法はワクチン接種になります。まずは麻疹の抗体を測定し、抗体価が低ければワクチンを接種することが重要です。抗体の測定や**ワクチン接種**は基本的に自費診療となりますので、**企業としては抗体検査やワクチン接種の費用補助**が有効であるといえます。

――治療

前述の通り特別な治療法がないため、補液などの対症療法を行ないます。

四．風疹

――風疹とは

風疹は、風疹ウイルスによる感染症で、麻疹に類似した症状が出て短期間で治癒することから「3日はしか」とも呼ばれます。特徴として、風疹に免疫のない妊娠20週頃までの妊婦が風疹ウイルスに感染すると、出生児が死亡したり種々の奇形が生じる**「先天性風疹症候群」**を生じる可能性があります。

――感染経路

感染経路は**飛沫感染**、**接触感染**です。麻疹と異なり空気感染はしないため、その分感染力は弱いといえますが、同様に飛沫感染、接触感染を主とするインフルエンザと比較すると2~数倍の感染力があるといわれています。

――症状と経過（図15）

感染後、2~3週間程度の潜伏期間を経て、微熱、発疹、リンパ節腫脹といった症状を呈し、発疹は全身に拡大します。通常、3~5日ほどで症状が消失し治癒しますが、まれに**脳炎**、**血小板減少性紫斑病**などの重篤な合併症を発症することがあります。また、前述の通り、風疹に免疫のない妊婦が風疹ウイルスに感染すると新生児に先天性風疹症候群を生じることがあります。

――予防

風疹も麻疹と同様、**特別な治療法はないため**、**治療は対症療法のみ**となります。そのため、これも麻疹と同様に**予防が重要**となります。

風疹は空気感染しないものの、ウイルスが非常に小さいため、マスクでは予防しきれないとされています。しかし、風疹は麻疹と同様にワクチンがありますので、最も有効な予防法は**ワクチン接種**になります。まずは抗体を測定し、抗体価が低ければワクチンを接種

図 15　風疹の経過

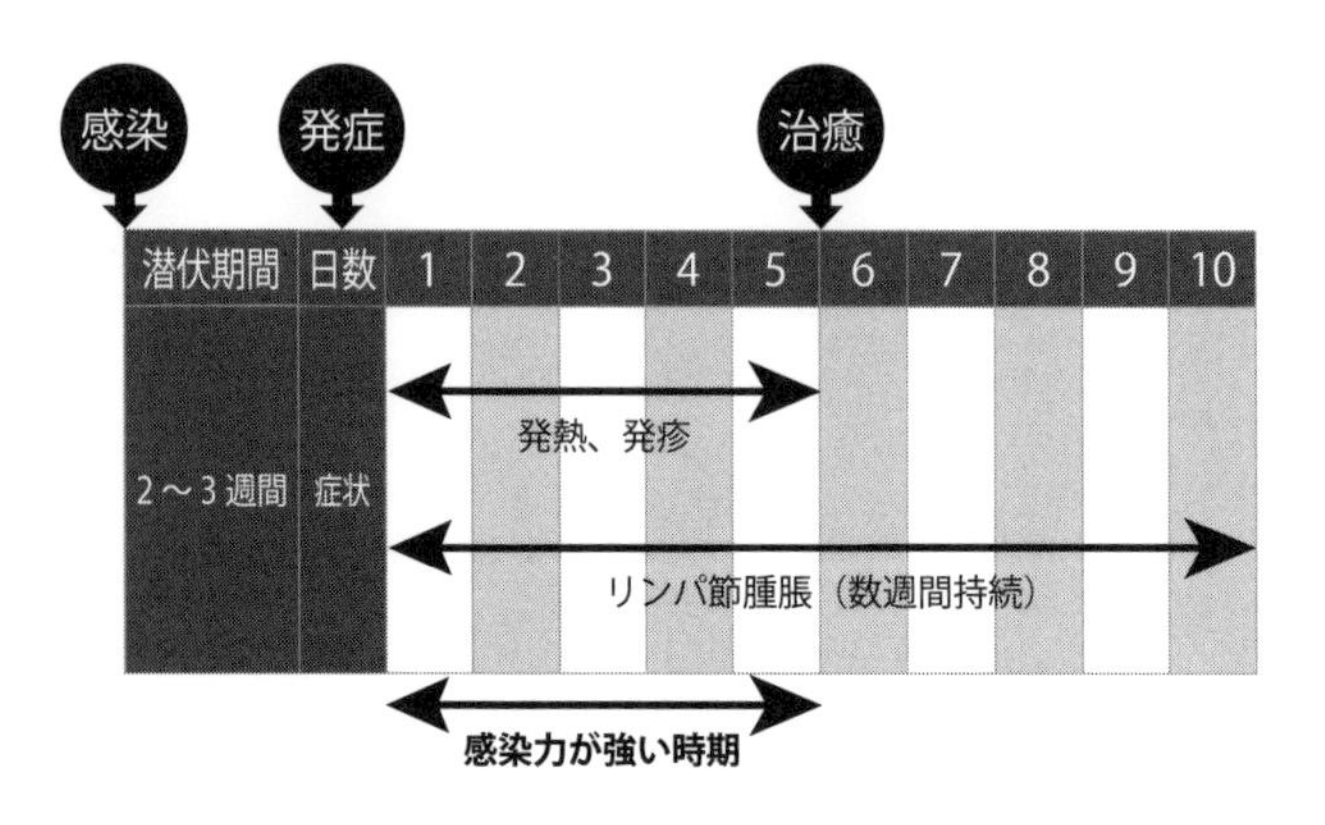

表 3　麻疹と風疹の比較

	麻　疹	風　疹
症状	発熱、咳、鼻水、倦怠感、発疹、肺炎、脳炎、中耳炎など	微熱、発疹、リンパ節腫脹、脳炎、血小板減少性紫斑病など（風疹に免疫のない妊婦が風疹ウイルスに感染すると新生児に先天性風疹症候群を生じることがある）
潜伏期間	約 10 日	2～3 週間
感染経路	空気感染、飛沫感染、接触感染	飛沫感染、接触感染
ワクチン	あり	あり
治療薬	なし	なし

することが推奨されます。風疹に関しては、公的な予防接種が行なわれなかった年代の人は無料（公費負担）で抗体検査やワクチン接種を行なうことができますが、それ以外の年代の人については自費診療となりますので、公費負担の対象とならない従業員に対して**企業が抗体検査やワクチン接種の費用補助**を行なうことは対策として有効であるといえます。

――治療

麻疹と同様に特別な治療法がないため、補液などの対症療法を行ないます。

表3に、麻疹と風疹の特徴についての比較を載せておきます。

五．ウイルス性肝炎

これまで述べてきたのは、主に急性の感染を引き起こす病原体についてですが、肝炎を起こす肝炎ウイルスは急性症状を起こすだけではなく**慢性化**するという点で一線を画しています。ここでは、日本人のウイルス性肝炎の原因として頻度が高いB型肝炎とC型肝炎について述べます。

（1）B型肝炎

――B型肝炎とは

B型肝炎は、B型肝炎ウイルスが肝細胞に感染することによって引き起こされます。B型肝炎ウイルスは感染した時期、感染した時の健康状態によって、一過性の感染に終わるもの（**一過性感染**）とほぼ生涯にわたり感染が継続するもの（**持続感染**）とに大別されます。

――感染経路

B型肝炎ウイルスは、ウイルスに感染している人の血液、または体液を介して感染します。感染経路は、B型肝炎ウイルスに感染している母親から生まれる時の新生児への母子感染による**垂直感染**と、輸血、注射針の使い回し、性行為などによる**水平感染**があります。

近年では新たな母子感染や輸血による感染はほとんどみられない一方、性行為による感染が増えています。

――症状と経過（図16）

B型急性肝炎の場合、ウイルス感染から数か月の潜伏期間を経て、倦怠感、食欲不振、吐き気などの症状が現れます。その後、肌や白目が黄色く染まって見える黄疸が現れることもありますが、通常黄疸は自然に消え、数か月以内に肝機能も正常に戻ります。

しかし、B型急性肝炎患者のうち、1～2％は状態が急激に悪化し肝細胞の破壊が進行する劇症肝炎を発症します。劇症肝炎を発症した方の70～80％は死亡します。

成人後のB型肝炎ウイルス感染は多くの場合には治癒し一過性感染に終わりますが、**一部の患者はウイルスが完全に排除されず持続感染に移行し、さらにその中の一部の方はB型慢性肝炎を発症**します。慢性肝炎はほとんど自覚症状はありませんが、炎症が長期間持続することにより**肝硬変、肝臓癌**に至ります。

図 16　B 型肝炎の経過（成人）

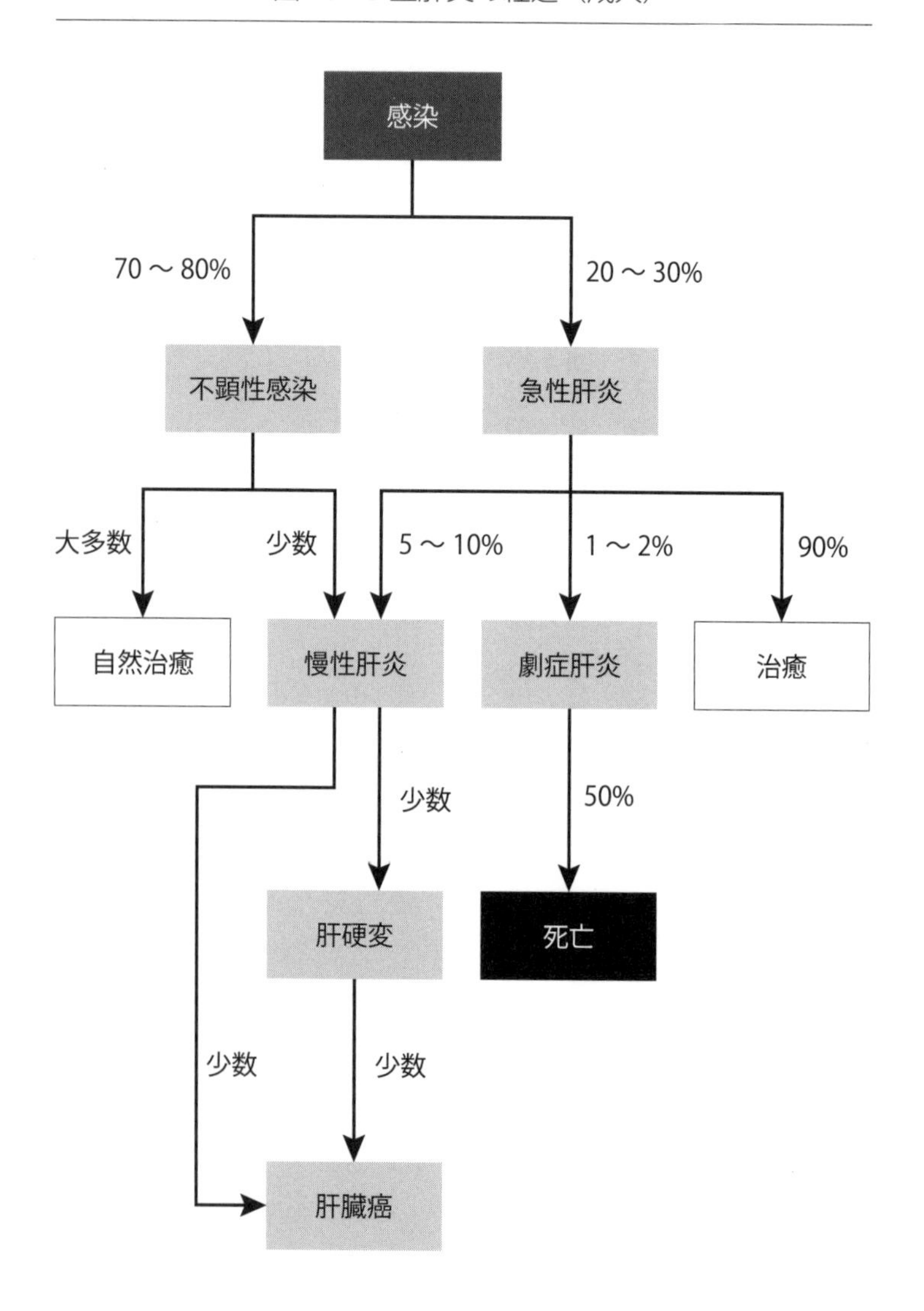

――予防

Ｂ型肝炎の予防としては、**感染者の血液や体液に触れないことが重要**です。そのため、以下のような点に気を付ける必要があります。

◆歯ブラシ、カミソリなど他人の血液が付いている可能性のあるものを共用しない
◆注射器や注射針を共用して薬物の注射をしない
◆入れ墨やピアスをする時は、清潔な器具であることを確認する
◆よく知らない相手との性行為にはコンドームを使用する

また、Ｂ型肝炎ウイルスには**ワクチンがあり**、Ｂ型肝炎に持続感染している妊婦から生まれた子供に接種するほか、成人の場合は医療従事者、警察官、消防士などの血液や体液に接する可能性の高い職種の人に接種することもあります。

――治療

Ｂ型急性肝炎には特別な治療はなく、補液などの対症療法のみを行ないます。しかし、持続感染、慢性肝炎に移行した場合は、放置すると肝硬変や肝臓癌に移行する可能性があ

るため、**インターフェロン**やウイルスの増殖を抑える**核酸アナログ製剤**を用いた治療により治療を行ないます。そのため、**持続感染の有無について検査で確認するのが重要**になります。

Ｂ型肝炎ウイルスの持続感染の有無については、採血で確認することができます。具体的には、ＨＢｓ抗原、ＨＢｅ抗原、ＨＢｅ抗体、ＨＢＶ ＤＮＡ定量といった項目を測定し、持続感染と診断されれば治療を行なうことになります。これらの検査は都道府県や自治体などが実施するものを無料で受けることができます。

（2）Ｃ型肝炎

――Ｃ型肝炎とは

Ｃ型肝炎は、Ｃ型肝炎ウイルスが肝細胞に感染することによって引き起こされます。Ｂ型肝炎ウイルスと同様、Ｃ型肝炎ウイルスも**一過性感染**で終わる場合と**持続感染**に移行する場合があります。

――感染経路

C型肝炎ウイルスの感染経路は、B型肝炎と同様に、母親から新生児への**垂直感染**と、輸血や注射針の使い回しなどによる**水平感染**があります。なお、C型肝炎ウイルスはB型肝炎ウイルスよりも感染力が弱く、性交渉や体液で感染することはほとんどありません。

――症状と経過（図17）

C型肝炎ウイルスは、感染しても急性肝炎の症状を起こすことは比較的まれで、多くは自覚症状の内不顕性感染のまま経過します。しかし、自然にウイルスが排除されるのは感染者全体の3割程度であり、残りの**7割程度は慢性化**する点がB型肝炎ウイルスと大きく異なる点です。B型慢性肝炎と同様、C型慢性肝炎もほとんど自覚症状はありませんが、炎症が長期間持続することにより**肝硬変**、**肝臓癌**に至ります。日本における肝細胞がんの原因として、圧倒的に多いのがC型肝炎ウイルス感染です。

――予防

B型肝炎と異なりC型肝炎ウイルスには**有効なワクチンがないため、感染の予防がより**

図 17　C 型肝炎の経過（成人）

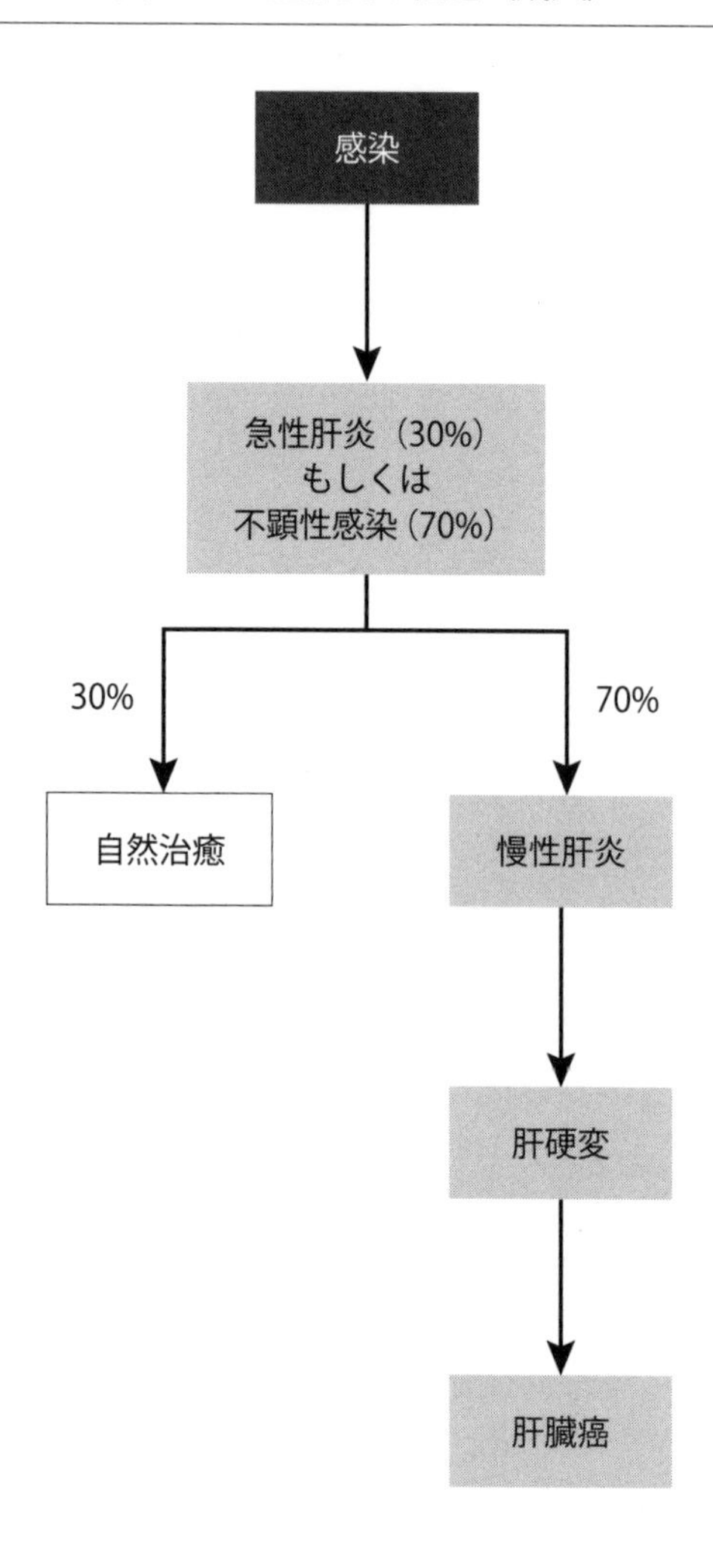

重要になります。C型肝炎もB型肝炎と同様、感染者の血液や体液に触れないようにすることで感染を予防することができます（気を付ける点はB型肝炎と同様です）。

――治療

C型急性肝炎はB型急性肝炎と同様に特別な治療はなく、対症療法のみを行ないます。しかし、C型肝炎はB型肝炎よりも持続感染、慢性化するリスクが高く、したがって肝硬変や肝臓癌に至る可能性も高いため、**検査による持続感染の有無の確認と、その後の治療がより重要**になります。

C型肝炎ウイルスの検査は、HCV抗体の測定とウイルス量を確認するためのPCR検査が行なわれます。これらの検査もB型肝炎の場合と同様、都道府県や自治体などが実施するものを無料で受けることができます。

C型慢性肝炎の治療は、以前はB型肝炎と同じくインターフェロンを用いた治療が主流でしたが、近年では**抗ウイルス薬**を用いた治療が主流となっています。なお、C型肝炎ウイルスには有効なワクチンはありません。

表4　B型肝炎とC型肝炎の比較

	B型肝炎	C型肝炎
感染経路	垂直感染（母子感染） 水平感染（輸血、注射針の使い回し、性行為など）	垂直感染（母子感染） 水平感染（輸血、針刺し事故など）
持続感染リスク	3歳以下の感染では90%以上 成人の感染では約1%	約70%
ワクチン	あり	なし
感染経路	インターフェロン、 核酸アナログ製剤	抗ウイルス薬

表4に、B型肝炎とC型肝炎の特徴についての比較を載せておきます。

(3) 肝炎から肝硬変・肝臓癌へ

以上、B型肝炎とC型肝炎について述べてきましたが、これらの病気で大きく問題になるのは、**持続感染・慢性肝炎から肝硬変、肝臓癌に進行する**ことです。そのため、病気の性質としては、本章の前半で述べてきた新型コロナウイルスやインフルエンザウイルスのような急性疾患というよりは、次章で述べる生活習慣病などの慢性疾患に近いものがあります。

肝硬変や肝臓癌に罹患すると、当然身体活動は大きく制限されるため、もし労働年齢の人が罹患した場合、企業側にとっての人的ダメージは大きなものとなります。

B型肝炎、C型肝炎とも、検査は都道府県や自治体などが実施する場合に無料で受けることができます（例外あり）。企業としては、病気の早期発見と治療介入のために、**従業員がこれらの検査を積極的に受けるよう啓発する**ことが重要であるといえるでしょう。これは、健康経営銘柄の審査における健康経営度調査の調査項目で、肝炎ウイルス検査に対する費用補助の有無について問われていることからもわかります。また、B型肝炎については、職種によってはワクチン接種を推奨、助成することも肝炎発症予防に有効であるといえます。

慢性肝炎は、病気があまり進行しておらず症状が出ていない段階であっても、通院による治療や経過観察が必要になります。治療を中断すると病気や症状が急激に悪化する場合があるため、企業としては海外出張や不規則な勤務を避けるといった配慮を検討し、対応することが望ましいといえます。また、治療終了後も肝臓癌などへの進行がないかを確認するため、定期的な経過観察のための通院が必要となる場合もあります。これらの従業員への対応により、同僚や上司など、周囲の人の負荷が増加することもあるため、**従業員本人の同意を得た上で必要な範囲の情報を周囲の人に提供する**ということも重要になります。

第三章　健康経営の具体的対策②　生活習慣病

――生活習慣病

生活習慣病は、**「食習慣、運動習慣、休養、喫煙、飲酒等の生活習慣が、その発症・進行に関与する疾患群」**と定義され、具体的な疾患としては、**糖尿病、高血圧症、脂質異常症、肥満、**肺気腫と慢性気管支炎を含む**慢性閉塞性肺疾患（COPD）**などが含まれます。

糖尿病、高血圧、脂質異常症、肥満などの疾患は、**急性心筋梗塞・脳梗塞などの重大な心血管疾患の危険因子**となり、これらの心血管疾患は一度発症すると本人の身体的活動度を低下させるため、従業員が罹患した場合、企業としてはその人的ダメージは大きなものとなります。そのため、生活習慣病への早期の介入により心血管疾患を予防することは、従業員のみならず企業にとっても大きなプラスとなります。ちなみに、医療費の内訳を疾患別にみた場合、近年では循環器系の疾患＝心血管疾患が占める割合が最も高く、２０１７年度には医療費全体の19・7％、金額にして6兆７８２億円にのぼっています（図18）。このことから、心血管疾患の予防は医療費の軽減にもつながり、ひいては企業や従業員の保険料負担も減ることにつながります。

図 18　傷病分類別にみた医科診療医療費構成割合

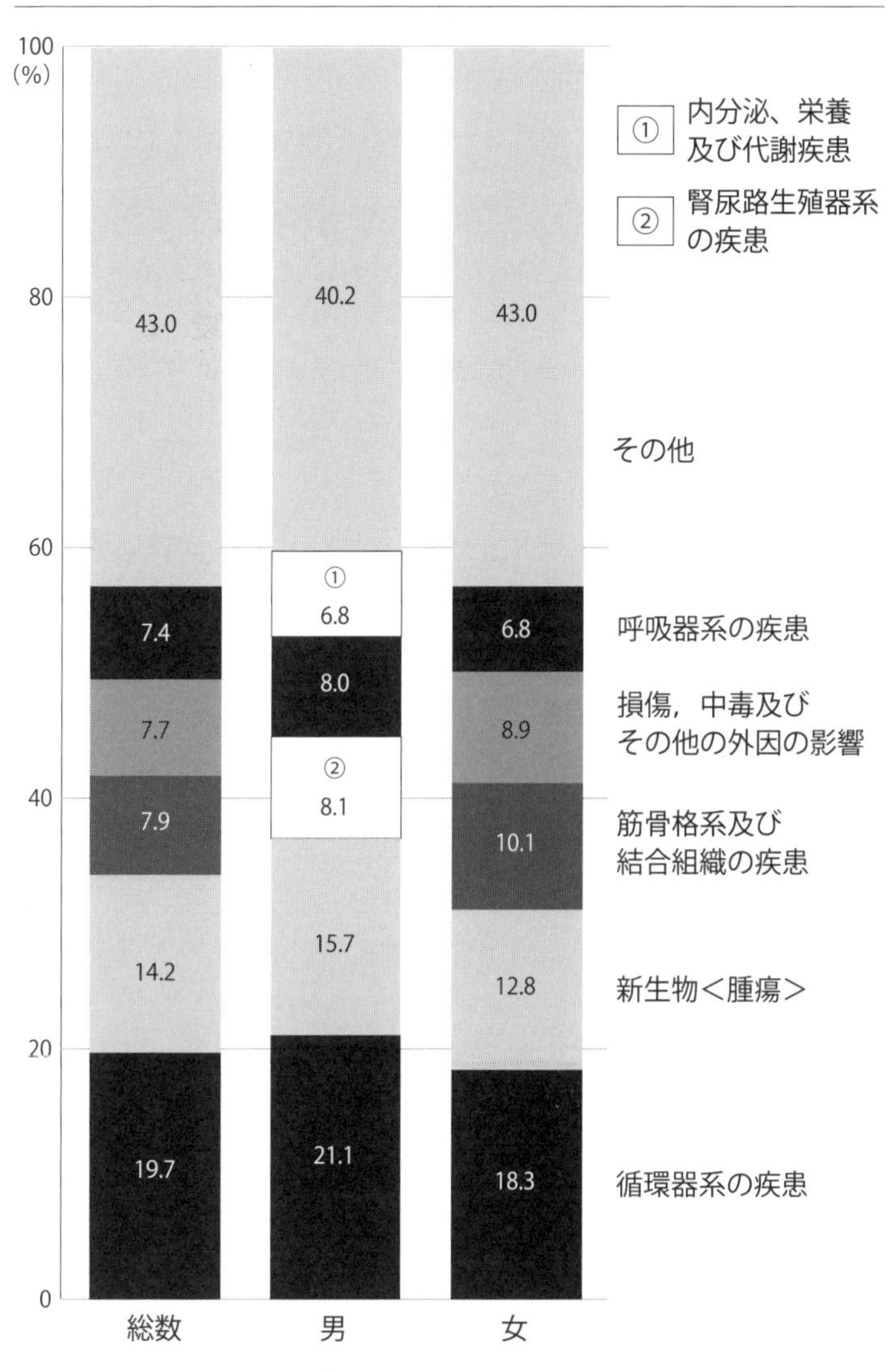

（厚生労働省　「平成 29 年度 国民医療費の概況」より抜粋）

――新型コロナウイルス感染症と生活習慣病

さらに、新型コロナウイルス感染症が流行し、それに関するデータが蓄積するにつれて、糖尿病、高血圧、COPDなどの疾患が、新型コロナウイルスへの感染そのものや重症化を促進する可能性が示唆されるようになりました。そのため、今後は感染症予防の観点からもより一層生活習慣病の予防や管理を徹底していく必要があるといえます。

本章では、まず糖尿病、高血圧、脂質異常症、肥満、喫煙の特徴、予防、治療について解説し、さらに、それらが原因となって引き起こされる重大な疾患について、予防やスクリーニング（早期発見）法、企業として取り組むべきことについて説明していきます。

一．糖尿病

――糖尿病とは

糖尿病は、インスリンの作用が不足することにより血糖（血液中のブドウ糖）が慢性的に高くなる病気です。ちなみにインスリンとは、膵臓のβ細胞から分泌されるホルモンであり、肝臓や筋肉、脂肪細胞などが血液中のブドウ糖を細胞内に取り込むのを促進することで血糖を一定に保つ作用を担っています。このインスリンの分泌そのものが低下したり、肝臓、筋肉、脂肪細胞などがブドウ糖を取り込みにくくなったり（インスリン感受性の低下＝インスリン抵抗性の増大）することで糖尿病が引き起こされます。

糖尿病は、膵臓のβ細胞が破壊されインスリンが分泌されなくなることで発症する1型と、遺伝的な要因に加齢、肥満、運動不足などの要素が加わって発症する2型とに分けられます。日本の糖尿病患者の9割以上は2型糖尿病であるといわれています。

糖尿病の診断は主に血液検査で行なわれ、診断基準は図19のようになります。

――症状と経過

自覚症状としては、喉の渇き、尿量の増加、倦怠感、体重減少などが現れることもありますが発症初期の段階では無症状のケースも多くみられます。しかし、血糖が高い状態が持続すると血管にダメージを与え、目、腎臓、神経への血流が阻害されることにより、三大合併症とされる**糖尿病性網膜症**、**腎症**、**神経障害**が引き起こされます。病状がさらに進行すると**失明**、**腎不全による人工透析**、**下肢の切断**などに至り、また冒頭に述べたように

（糖尿病情報センターホームページより抜粋）

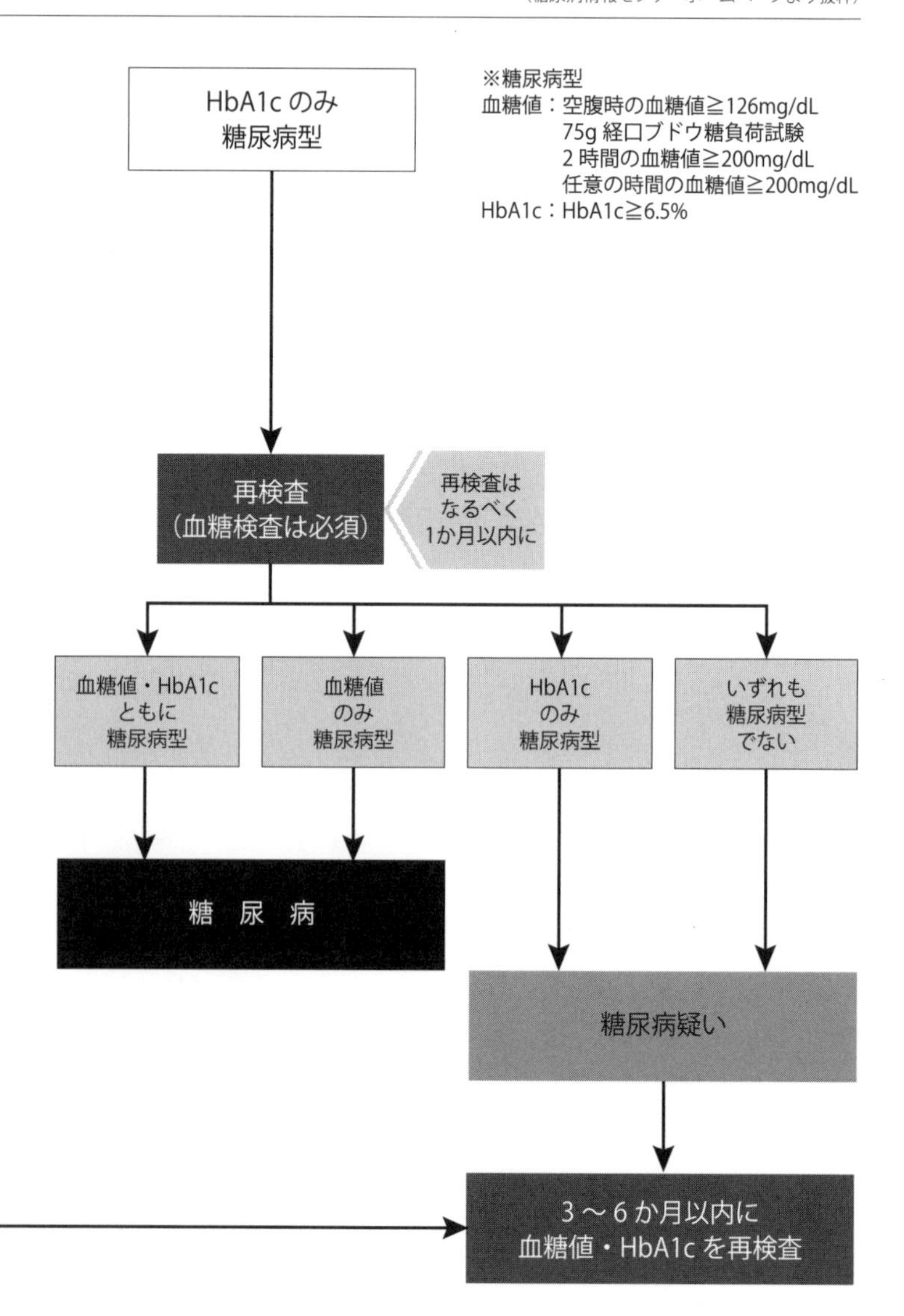

図 19　糖尿病の診断基準

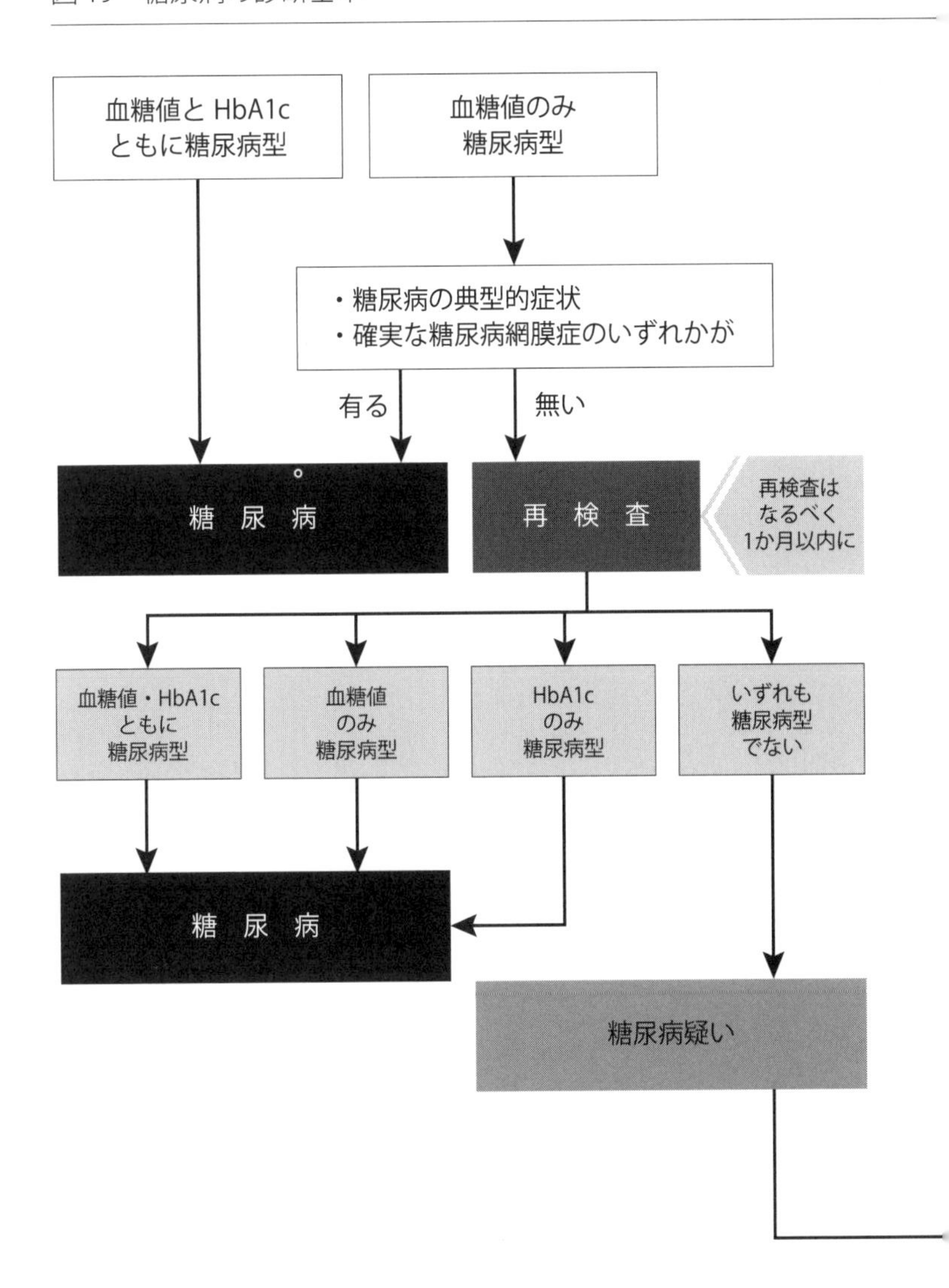

急性心筋梗塞・脳梗塞などの重大な心血管疾患を発症させるリスクも高まります。

――治療

治療について、１型糖尿病ではインスリン分泌が枯渇するため、インスリン注射による治療が必須となります。一方、２型糖尿病では肥満や運動不足などが病状を悪化させる要因であるため、まずは食事療法や運動療法による生活習慣の改善を行ない、それでも血糖コントロールが不十分な場合は薬物療法を開始します。薬物療法では、まずＤＰＰ－４阻害薬、ビグアナイド薬、ＳＧＬＴ２阻害薬、スルフォニル尿素薬（ＳＵ薬）などの経口血糖降下薬を用い、それでも血糖コントロールの改善が不十分であればインスリンやＧＬＰ－１受容体作動薬といった注射薬を使用します。

二．高血圧

――高血圧とは

高血圧とは、病院や健診施設などで測定した血圧値（診察室血圧）が収縮期血圧140mmHg以上または拡張期血圧90mmHg以上、もしくは自宅で測定した血圧値（家庭血圧）が135mmHg以上または85mmHg以上の状態をいいます。より詳細な分類は表5の通りになります。

——症状と経過

高血圧は、何らかの疾患が原因となって引き起こされる二次性高血圧と、原因が特定できない本態性高血圧に分けられます。二次性高血圧は全体の約1割に過ぎず、大多数が本態性高血圧に該当します。本態性高血圧のリスク因子としては、塩分の過剰摂取、肥満、ストレス、喫煙などが挙げられます。

血圧が一過性に上昇することにより頭痛、めまいなどの症状が出ることもありますが、一般的には高血圧に特徴的な自覚症状はほとんどありません。しかし、罹病期間が長くなると、**脳卒中**や**心筋梗塞**、**心不全**などの原因となります。

表５　高血圧の診断基準

分類	診察室血圧（mmHg）			家庭血圧（mmHg）		
	収縮期血圧		拡張期血圧	収縮期血圧		拡張期血圧
正常血圧	< 120	かつ	< 80	< 115	かつ	< 75
正常高値血圧	120-129	かつ	< 80	115-124	かつ	< 75
高値血圧	130-139	かつ/または	80-89	125/134	かつ/または	75-84
I 度高血圧	140-159	かつ/または	90-99	135-144	かつ/または	85-89
II 度高血圧	160-179	かつ/または	100-109	145-159	かつ/または	90-99
III 度高血圧	≧180	かつ/または	≧110	≧160	かつ/または	≧100
（孤立性）収縮期高血圧	≧140	かつ	< 90	≧135	かつ	< 85

（高血圧治療ガイドライン 2019 より抜粋）

――治療

高血圧の治療も糖尿病と同様に、まずは塩分の過剰摂取、肥満、ストレス、喫煙といったリスク因子に対する生活習慣の改善を行ない、その上で血圧コントロールが不十分であれば薬物療法を開始します。薬物療法では、アンジオテンシン受容体拮抗薬（ＡＲＢ）、アンジオテンシン変換酵素（ＡＣＥ）阻害薬、カルシウム拮抗薬、利尿薬などの薬剤を使用します。

三．脂質異常症

――脂質異常とは

脂質異常症とは、ＬＤＬコレステロール（＝悪玉コレステロール）、中性脂肪、ＨＤＬコレステロール（＝善玉コレステロール）、Ｎｏｎ－ＨＤＬコレステロールといった脂質の血中濃度が高すぎる、あるいは低すぎる状態のことをいいます。具体的には、ＬＤＬコレステロールが１４０ｍｇ／ｄＬ以上、中性脂肪が１５０ｍｇ／ｄＬ以上、ＨＤＬコレス

表6　脂質異常症の診断基準

LDL コレステロール	140 mg/dL 以上	高 LDL コレステロール血症
	120-139 mg/dL	境界型高 LDL コレステロール血症
HDL コレステロール	40 mg/dL 未満	低 HDL コレステロール血症
トリグリセライド(中性脂肪)	150 mg/dL 以上	高トリグリセライド血症
Non-HDL コレステロール	170 mg/dL 以上	高 non-HDL コレステロール血症
	150-169 mg/dL	境界型高 non-HDL コレステロール血症

(動脈硬化性疾患予防ガイドライン 2017 年版より抜粋)

テロールが40mg／dL未満、Non-HDLコレステロールが170mg／dL以上の場合に脂質異常症と診断されます。より詳細な分類は表6の通りになります。

脂質異常症は、遺伝的な要因や体質、他の病気や服用している薬の副作用として起きることもありますが、原因の多くは高カロリー・高脂肪の食事や運動不足といった生活習慣になります。

――症状と経過

一般的に、自覚症状はほとんどありません。しかし、特にLDLコレステロールは動脈硬化を促進するため、放置していると動脈硬化が進行し、**急性心筋梗塞**や**脳梗塞**に至ります。また、中性脂肪はこれらの動脈硬化性疾患の他に、**急性膵炎**の原因にもなります。

――治療

脂質異常症の治療も、まずは食事や運動を含んだ生活習慣の改善を行ない、必要であれば薬物療法を開始します。薬物療法では、主にコレステロールを低下させるスタチン製剤や主に中性脂肪を低下させるフィブラート製剤、その他には小腸コレステロールトランスポーター阻害薬やイコサペント酸エチル製剤を使用します。

四．肥満

――肥満とは

肥満とは、ただ単に体重が多いというだけではなく、脂肪組織が過剰に蓄積した状態のことを指します。日本の場合、身長と体重から計算したＢＭＩ（Body Mass Index）が25以上の場合に肥満と診断されます。これは、日本人はＢＭＩが25を超えると糖尿病、脂質異常症、高血圧といった他の生活習慣病を合併する発症頻度が高まるためです。しかし、ＢＭＩは身長と体重のみから算出されるため、その体重の内訳として筋肉が多いのか脂肪が多いのかによって意味合いが異なります。同じＢＭＩでも、脂肪の割合が高い方が高リスクであることは言うまでもありません。また、脂肪が蓄積している部位も重要で、腰まわりや太ももなど下半身を中心に脂肪が沈着する皮下脂肪型肥満よりも、筋肉の内側の腹腔内に脂肪が多く蓄積する内臓脂肪型肥満の方が他の生活習慣病を高リスクで合併します。

肥満も、他に原因となる疾患が存在する症候性肥満と、それ以外の単純性肥満に分類されますが、全体の9割以上は単純性肥満であると考えられています。単純性肥満の主な原因は過食（＝エネルギーの過剰摂取）と運動不足（＝エネルギーの消費不足）で、言い換えると摂取エネルギーと消費エネルギーのバランスが不均一になることで肥満が引き起こされます。

——症状と経過

肥満の症状としては、息切れや動きにくいといったものが挙げられます。また、首周りに沈着した脂肪が気道を圧迫することにより睡眠時に呼吸が止まる症状がみられることがあり、これは**睡眠時無呼吸症候群**と呼ばれます。また、**肥満は糖尿病、高血圧、脂質異常症など他の生活習慣病の原因となり、**それらと複合的に動脈硬化を促進し、**急性心筋梗塞**や**脳梗塞**の原因となります。

――治療

肥満は摂取エネルギーと消費エネルギーのバランスの不均一が原因であるため、治療としてはこれらを解消するための食事療法と運動療法が基本になります。きわめて重度の肥満に対しては薬物療法や手術療法が検討される場合もあります。

五．食事療法と運動療法

――生活習慣病治療の基本

これまで述べてきた糖尿病、高血圧、脂質異常症、肥満は、予防・治療としてはいずれも**食事療法**、**運動療法**が基本となります。生活習慣病対策は、その原因となる生活習慣の改善をいかに動機づけするかが重要ですが、その動機づけのための方法として、これまで企業は健診結果に基づいた保健指導、有所見者への受診勧奨などに加え、健康相談窓口の設置、健康セミナーの開催、始業前のラジオ体操の実施、社員食堂での健康メニューの提供、提携スポーツ施設利用促進、徒歩通勤や自転車通勤の推奨といった取り組みを行なってきました。しかし、この食事療法や運動療法の在り方、また企業が行なう対策も、新型コロナウイルス感染症の流行を契機として今後変わっていく可能性があります。

自粛生活で通勤など日々の活動量が減少し、体重が増加する人が多くみられました。肥満は、高血圧、糖尿病、脂質異常症など他の生活習慣病の原因や増悪因子となり、それらが心血管疾患を発症させることで身体活動性を低下させ、さらに肥満を増悪させるという悪循環のもとになります（図20）。今後、テレワークが増え、通勤による移動が減ることは、運動量の低下から肥満をさらに増悪させることが危惧されるため、**これまで以上に意識的に運動を行なうことが重要**になります。また、食事に関しても、コロナ後は外食の頻度が減ることが予想されるため、**家庭での食事が健康維持に占める役割はより大きくなる**でしょう。

――今後、企業がとるべき対策とは？

企業が行なう対策については、テレワークが推進され、3密の回避が提唱されていることから、前述の取り組みの一部は今までの形で行なうのが困難になると思われます。そのため、今後の生活習慣の改善策は、従来の企業内での取り組みから、家庭を含めた取り組

図 20　生活習慣病の負のサイクル

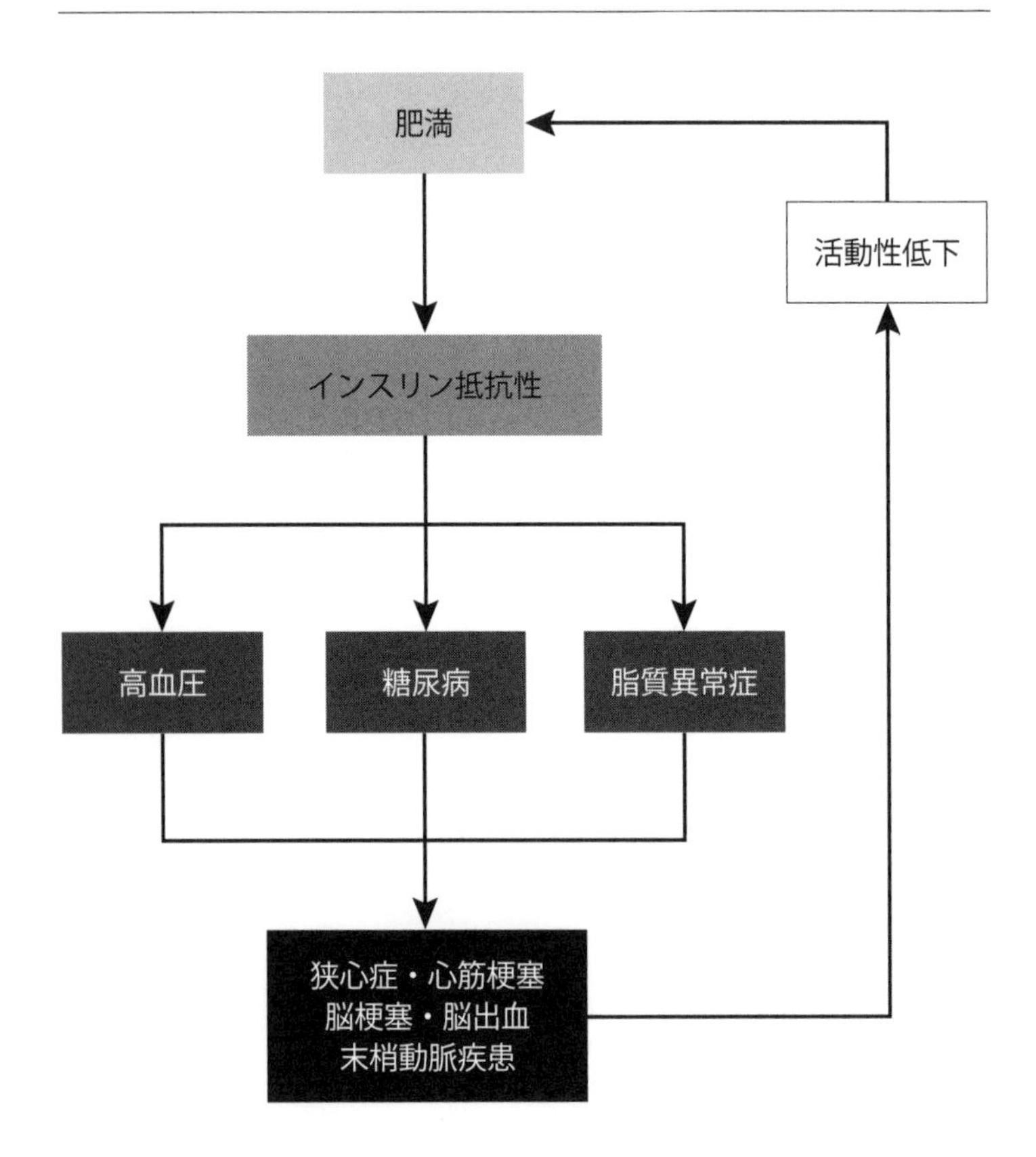

みへと変えていく必要があります。企業としては、まずこの変化を意識し、**家庭での生活習慣改善が重要であることを従業員に教育するの**が、今後の対策の第一歩であるといえます。しかし実際には、コロナ後の生活習慣改善については、企業が関与できる余地が減り、本人の自主性が問われるものになります。つまり、本人や家族がいかに自律的に生活習慣を整えていくかということになるのですが、生活習慣のコントロールはこれまでより不良になる可能性が高いと思われます。他人の目がないとどうしても自己管理が甘くなるのは、ある程度仕方がないことでしょう。

――早期の薬物療法という選択肢

もし、食事療法や運動療法による生活習慣病の改善が困難であれば、**高血圧、糖尿病、脂質異常症などに対してある程度早期に薬物療法などの医療的な介入を行なっていく**のも一つの選択肢であると思います。確かに安易な薬物療法の開始は医療経済的な観点からも慎むべきですが、生活習慣病を管理することの目的は、より重篤な心血管疾患への進展抑制なのですから、図20に示したような負のサイクルを断ち切るという意味でも、早期の医療的介入は考慮する余地があると思います。企業としては、産業医と相談し、早期に医療機関へ紹介するということを検討してみてもよいかもしれません。

また、糖尿病や高血圧、脂質異常症などは、普段は特に自覚症状がないことが多いため、もともと医療機関に通院して薬物療法を行なっていた人も通院を自己中断することが比較的多くみられる疾患です。第一章でも述べた通り、今回の新型コロナウイルス感染症の流行下では、院内感染を恐れて定期通院を自己中断するケースがみられましたが、その中には生活習慣病で通院していた人たちが多く含まれていると推察されます。こういったことを防ぐためには、自己中断のリスクを従業員に説明・教育することに加え、現在のような感染症の流行下では、**感染患者に対する時間的・空間的分離やオンライン診療の実施など、院内感染対策をしっかりと行なっている医療機関の受診を勧める**のも効果的であると考えられます。

六．喫煙

――喫煙のリスク

喫煙は、**急性心筋梗塞**や**脳梗塞**など動脈硬化性疾患の重要な危険因子であることに加え、**COPD**を引き起こす原因にもなります。ＣＯＰＤは、病態的に肺の正常組織が破壊されている状態なので、新型コロナウイルス感染による肺炎を重症化させる原因となります。また、原因は明らかではないものの、喫煙そのものも肺炎を含む呼吸器感染症を引き起こしやすくすることから、心血管疾患と同様に感染症予防の観点からも禁煙は重要であるといえます。

喫煙は生活習慣の一つですが、一度始めるとなかなかやめることができません。これはたばこの依存性によるものですが、依存性は「**身体的依存性**」と「**心理的依存性**」の二つに分けられます。

身体的依存性は、たばこに含まれるニコチンが原因です。ニコチンは脳に作用して満足感や多幸感を感じる快楽物質であるドパミン等の脳内神経伝達物質を過剰に放出させます。喫煙を続けることにより身体が次第にこの反応に慣れて感受性が低下し、ニコチンがない状態では正常に機能しなくなります。この状態でニコチンが切れると、イライラ、集中力の低下、眠気、口寂しさ、めまいなどの身体症状が現れ、これは離脱症状と呼ばれます。離脱症状は禁煙後３日以内にピークに達し、１～３週間程度で消失します。

心理的依存性は、前述の離脱症状とは関係なく、ストレスがかかった時などに喫煙欲求が高まる状態のことで、タバコを吸ってよかったという記憶や身についたクセ、習慣などによるところが大きく、喫煙期間が長いほど欲求は強くなります。この心理的依存性によって、禁煙したものの、強いストレスが引き金となって喫煙が再開されるということが起こります。

――治療

喫煙に対する治療はもちろん禁煙ですが、たばこの依存症発症率はヘロインやコカインといった非合法薬物より高く、中止継続率はアルコールより低くヘロインと同等といわれています。このように、たばこの依存性というのは非常に強く、啓発や注意喚起のみではやめることが難しいケースも多くみられます。自身の力のみで禁煙を達成するのが難しい場合には、医療機関が開設している禁煙外来を受診し、薬物による禁煙治療を行ないます。

――これからの喫煙対策

コロナ後の喫煙対策は、どのように変わるでしょうか。

２０２０年４月から５月にかけての緊急事態宣言の期間中、喫煙量が増加したり、禁煙していた人が再喫煙するケースがみられました。これについては、以下のような原因が考えられます。

まず、感染症流行によるストレスが喫煙量の増加や再喫煙を促した可能性があります。これは前述の心理的依存性と関係し、過去の研究でも災害などによるストレスと喫煙量増加・再喫煙の関連性について述べられています。

また、テレワークや自粛生活などで在宅時間や一人でいる時間が長くなったことも原因の一つと考えられます。近年、公共の場や企業でも敷地内が全面禁煙化されていることが多く、喫煙者でも自宅以外でたばこを吸うのが難しいことが多いですが、自宅ではそのような制限がなく喫煙が可能な環境であるためにたばこを吸ってしまうということがあります。また、他人と接する機会が減ることにより、受動喫煙により他人に迷惑をかけるということを気にする必要が乏しくなったことも影響しているかもしれません。

これまで、健康経営を取り入れている企業は、敷地内の全面禁煙化の他にも、禁煙セミナーの開催、禁煙カウンセリングの実施といった対策をとってきましたが、これらも出社の機会が減れば実行が難しくなるため、**コロナ後の禁煙治療は生活習慣病と同じく、本人**

の自主性や家族の協力にゆだねられる部分が大きくなるものと思われます。しかし、たばこの依存性の強さを考えると、自主性のみに任せて禁煙を継続するのはなかなか難しいのではないかと思われます。

そこで、禁煙が困難な人は**積極的に禁煙外来を受診する**というのも一つの方法です。2006年から禁煙治療は保険適用となっており、健康保険による治療が可能です。具体的には、12週間の間に医療機関を合計で5回受診してもらい、貼付薬もしくは内服薬で治療を行なうのが基本です。企業ができる対策としては、禁煙外来の治療費補助を支給するのが有効と考えられます。

七．心血管疾患

――生活習慣病と心血管疾患

これまで、生活習慣病の予防や治療について述べてきましたが、すでに生活習慣病の罹患歴が長い場合やコントロールが悪い場合、また複数の生活習慣病に罹患している場合などは、心血管疾患を発症するリスクは高まります。本項では、心血管疾患の中でも特に重要な虚血性心疾患と脳血管障害について、それぞれの特徴や治療法などに加え、未然に防止・発見するためのスクリーニング法などについても併せて述べていきます。

(1) 虚血性心疾患（労作性狭心症、急性心筋梗塞）

――虚血性心疾患（表7）とは

心臓の筋肉（心筋）は常に拍動しており、酸素を豊富に含んだ血液を絶えず必要とします。心筋に血液を送っている血管を冠動脈といいますが、この冠動脈が何らかの理由で狭窄（きょうさく）・閉塞し、血流が障害される疾患を総称して虚血性心疾患といいます。虚血性心疾患は冠動脈疾患とも呼ばれ、大きく分けると慢性冠動脈疾患と急性冠症候群に分類されます（図21）。本項では、慢性冠動脈疾患に分類される労作性狭心症と、急性冠症候群に分類され生命危機に直結する疾患である急性心筋梗塞について述べていきます。

表7　虚血性心疾患の特徴

	労作性狭心症	心筋梗塞
経過	慢性	急性
緊急性	低い	高い
血管の状態	安定プラークの 蓄積による狭窄	不安定プラークの 破綻による閉塞
症状	運動時に出現	安静時に出現・持続
心電図	発作時のみ変化	安静時にも変化
採血	異常なし	心筋逸脱酵素の上昇
スクリーニング法	運動負荷心電図 ホルター心電図 冠動脈 CT 冠動脈 MRA　など	有効性が高いものはなく 早期の予防的介入が重要
予防法	生活習慣病の コントロール	生活習慣病のコントロール 抗血小板薬・スタチン の早期内服

図 21　虚血性心疾患の分類

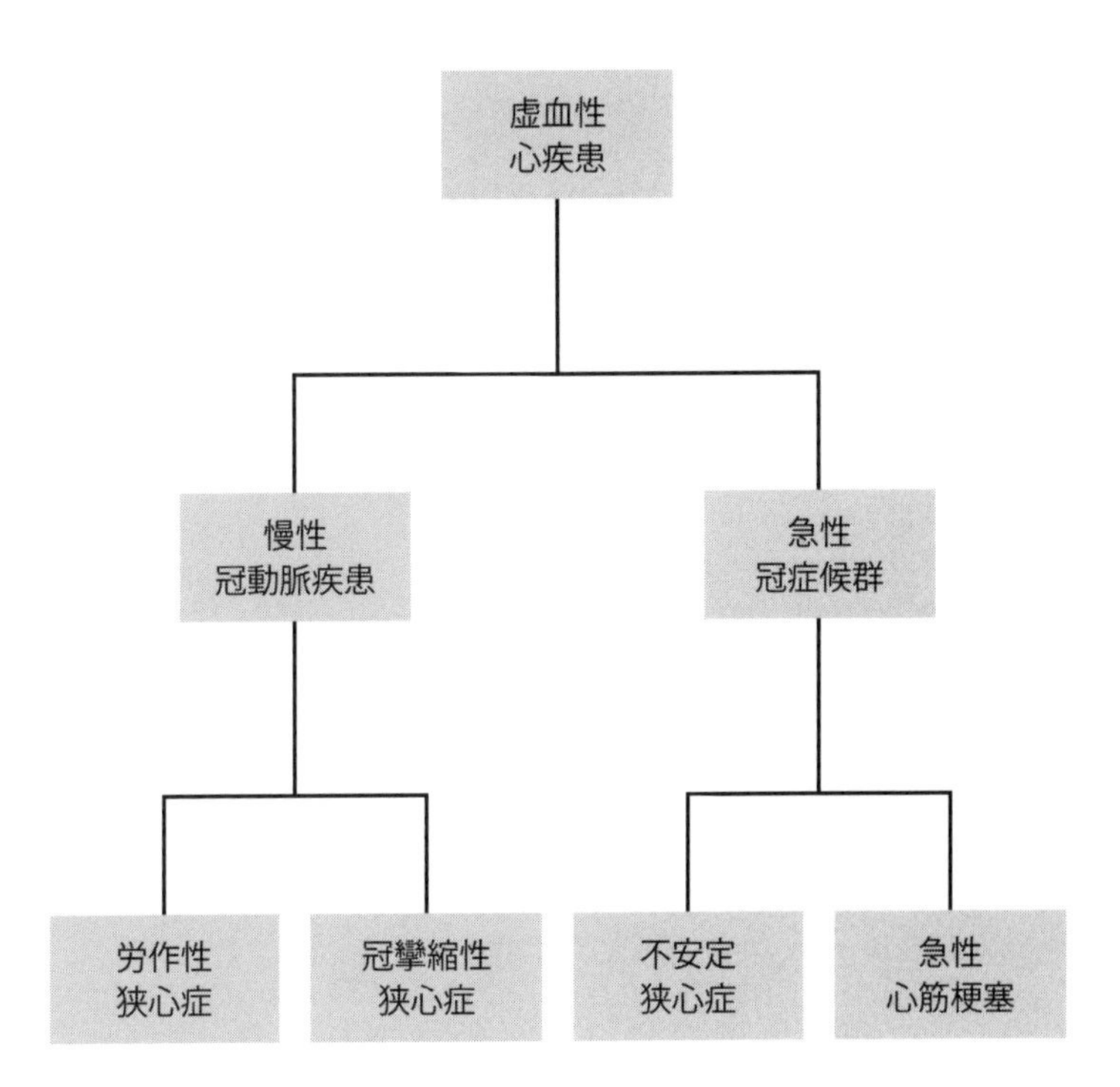

――①労作性狭心症

◆狭心症の特徴

狭心症は心臓が必要とする十分な量の血流が冠動脈から供給されなくなることで発生します。この現象は通常、冠動脈が何らかの理由で狭窄することで引き起こされます。血流は低下しているものの完全には途絶していないことが多く、心筋の組織は原則として障害されていません。

血管の狭窄は通常、血管壁に脂肪が蓄積（これをプラークといいます）する動脈硬化によって起こりますが、冠動脈が一時的に痙攣することによっても起こります。前者による病態を労作性狭心症、後者を冠攣縮性狭心症と呼びますが、生活習慣病とより深く関係しているのは前者なので、本項では労作性狭心症について説明します。

労作性狭心症の典型的な症状は、歩いたり坂を上ったりした時の胸痛や峡部の圧迫感、息切れなどです。また、肩や背中の痛み、あるいは喉の痛みが出現する場合もあります。

診断は、症状が出ている時の心電図で行ないます。発作時の心電図をとらえるのが難しい場合は、24時間心電図を記録するホルター心電図や、心電図をつけた状態で運動負荷を行なう運動負荷心電図を行なう場合もあります。しかし、心電図は血流の低下についてみているものの、冠動脈の狭窄の有無や程度などについての情報は得られません。これらの情報を得るためには冠動脈ＣＴや冠動脈ＭＲＡ、あるいは冠動脈造影検査（＝心臓カテーテル検査）を行ないます。

労作性狭心症の治療方法には、薬物療法と血行再建術がありますが、どの方法を選択するかは症状の安定度と重症度によって総合的に判断します。症状が軽度から中等度で安定している場合は薬物療法にて治療を行ないますが、それでも症状が改善しない場合、あるいは急速に症状が悪化している場合には血行再建術を行ないます。血行再建術には経皮的冠動脈インターベンション（＝心臓カテーテル治療）と冠動脈バイパス手術があり、どちらを選ぶかは病変の数や形態、患者背景などを考慮して決定します。しかし、いずれの治療法を選択するにせよ、基本となるのは動脈硬化の原因となる各生活習慣病に対する治療になります。

◆労作性狭心症のスクリーニングと予防

前述の通り、労作性狭心症の診断には症状出現時の心電図が必要になるため、通常の定期健康診断で行なう心電図のみでは診断がつかないことが多く、また心臓の機能をみる心臓超音波検査（心エコー）も多くの場合正常です。症状が出ている時の心電図変化をとらえるため、**ホルター心電図**や**運動負荷心電図**を行なうことが有効です。また、冠動脈の狭窄の有無や程度を確認するには**冠動脈CT**や**冠動脈MRA**が有効です。もしこれらの検査で冠動脈に軽度であっても狭窄を認める場合には、より厳格な生活習慣病のコントロールを行ない病変の進展を抑制することが勧められます。

――②急性心筋梗塞

◆急性心筋梗塞の特徴

冠動脈が急激に狭窄・閉塞して血流が途絶し、心筋が壊死してしまう状態を急性心筋梗塞といいます。これも狭心症と同様に動脈硬化が原因で起きることが多いのですが、注意すべきなのは、必ずしも狭心症が進行して心筋梗塞に至るわけではなく、冠動脈の狭窄が軽度であっても血管の内側に形成されたプラークが破綻（破裂）して血栓が形成され、急激に血管が閉塞することが多いという点です。この状態を放置しておくと心筋壊死の範囲は広がり、最悪の場合には死に至ります。

典型的な症状は突然発症する胸痛ですが、失神、突然の激しい発汗、吐き気、息切れ、動悸などの症状を認める場合もあります。

診断は、発作が起きている時の心電図変化を確認し、また心筋が壊死した場合に血液中に放出される心筋逸脱酵素を血液検査で確認することによって行ないます。心電図や血液検査で急性心筋梗塞が疑われれば、直ちに冠動脈造影検査を行ない、血管の閉塞部位の確認を行ないます。

急性心筋梗塞の場合、治療として直ちに血流を再開させることが心筋壊死の拡大を防ぐことにつながり、生存率も高めることができます。血流再開の方法として、現在最も一般的に行なわれているのは経皮的冠動脈インターベンションになりますが、病変の数や形態的に難しい場合は手術が選択されることもあります。

◆急性心筋梗塞のスクリーニングと予防

急性心筋梗塞を事前にスクリーニングで予測するのは、実はなかなか難しいのです。事前に狭心症の症状があり短期間で増悪している場合には、心電図や冠動脈ＣＴ、冠動脈ＭＲＡで診断できることもありますが、冠動脈の狭窄が軽度な状態から突然発症する場合、発症するまでは心電図などは正常であることが多く、冠動脈ＣＴや冠動脈ＭＲＡでも軽度の狭窄・プラークを認めるのみであり、そのプラークが「破綻するかどうか」までは予測することができません。

発症予測が困難である場合、事前に予防手段を講じておくというのも一つの方法です。危険因子を複数有するなど、心筋梗塞を発症するリスクが高いと考えられる人に対しては、発症予防のために血液をサラサラにするアスピリンなどの**抗血小板薬**や、プラークを安定化（＝破綻しにくい状態）・退縮させる作用のある**スタチン製剤**などを早期から内服するのが有効です。

（2）脳血管障害（脳梗塞、くも膜下出血、脳出血）

――脳血管障害とは

脳血管障害は、脳の動脈が狭窄・閉塞したり破れることによって脳の組織が障害される病態を指します。脳血管障害は大きく分けると、血管が狭窄・閉塞する脳梗塞と一過性脳虚血発作、血管が破れるくも膜下出血と脳出血とに分類されます（図22）。一度発症すると重度の後遺症を残すことも多く、仕事や生活にも支障をきたすため、早期の発見、予防

図 22　脳血管障害の分類

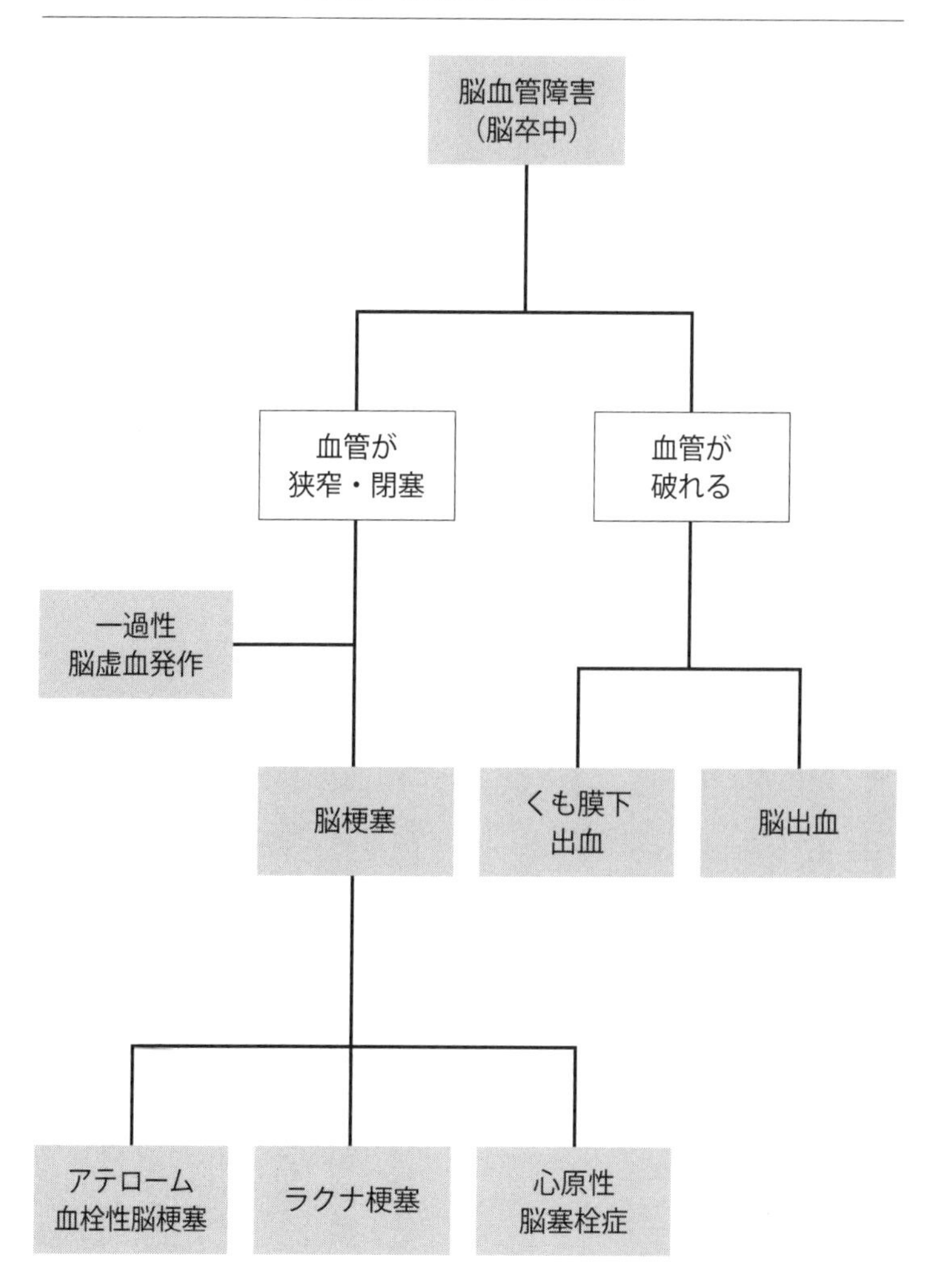

が特に重要になります。本項では脳梗塞、くも膜下出血、脳出血について述べます。

①脳梗塞（表8）

◆脳梗塞の特徴

脳梗塞は、脳に血流を送っているいずれかの血管が狭窄や閉塞することにより脳の組織が障害される状態です。脳梗塞はその発症機序により、(ⅰ)頸部・脳の主幹動脈などの比較的太い血管の動脈硬化が進行し、血栓形成による閉塞や、血管壁から血栓が剥離し、毛細血管を閉塞させることにより発症する「アテローム血栓性脳梗塞」、(ⅱ)高血圧などで脳の中の細小動脈(穿通枝)に負荷がかかって詰まることにより発症する「ラクナ梗塞」、(ⅲ)心臓内に形成された血栓が頸部・脳の血管に移動し突然閉塞させることにより発症する「心原性脳塞栓症」の三つに分けられます。

脳梗塞の症状は障害される部位により様々ですが、半身のマヒや感覚障害、呂律がまわらない、めまい、ふらつきなどが典型的な症状です。これらの症状は突然現れることがほとんどで、複数の症状が同時に出現する場合もあります。

脳梗塞の診断は、まず頭部ＣＴやＭＲＩで梗塞範囲や出血の合併の有無を検索するのに

表8　脳梗塞の分類とその特徴

	アテローム 血栓性脳梗塞	ラクナ梗塞	心原性脳塞栓症
危険因子	糖尿病、高血圧、 脂質異常症、喫煙 などの生活習慣病	高血圧	心房細動、感染性心 内膜炎、心室瘤など の心疾患
原因	比較的太い血管の 動脈硬化	高血圧の負荷による 細い穿通枝の閉塞	心臓内血栓 などによる 血管の閉塞
スクリー ニング法	頸動脈超音波検査 頭部 MRA　など	有効性が高いものは なく、早期の予防的 介入が重要	心電図 ホルター心電図 心臓超音波検査　など
予防法	生活習慣病の コントロール 抗血小板薬の早期内服	高血圧の コントロール	抗凝固薬の内服 原因となる 心疾患の治療

加え、閉塞した病変を確定させるためにカテーテルを用いた脳血管撮影検査を行なうこともあります。また、(iii)の心原性脳塞栓症が疑われる場合には、血栓形成の原因となる不整脈の有無を検索するための心電図検査や、心臓内の血栓の有無を確認するための心エコー検査を行ないます。

治療に関しては、一刻も早く血流を再開させるのが重要になります。そのために、抗血小板薬、抗凝固薬といった血液をサラサラにする薬物を投与し、また一定の基準に当てはまれば血栓を溶かす血栓溶解薬の投与や、カテーテルを用いて血栓を取り除く血管内治療を行なうこともあります。

◆脳梗塞のスクリーニングと予防

脳梗塞の予防やスクリーニング方法は、前述の発症機序により異なります。

(i)アテローム血栓性脳梗塞

頸部・脳の主幹動脈などにおける狭窄や血栓形成の有無を確認するための方法として、**頸動脈超音波検査(頸動脈エコー)**や**頭部MRA**が有効です。もし病変が発見されれば、進展抑制のために生活習慣病のコントロールを強化し、また必要に応じて抗血小板薬の内服も検討すべきです。

（ⅱ）ラクナ梗塞

頭部ＭＲＡで穿通枝（せんつうし）の病変を確認できることもありますが、もともとの血管が大きくないため病変が確認できないことも多く、むしろ予防として危険因子である**高血圧の管理**が重要になります。

（ⅲ）心原性脳塞栓症

心臓内に血栓が形成される原因として頻度の高いのが、心房細動という不整脈です。この不整脈が慢性的に続いている状態（持続性心房細動）であれば通常の心電図で発見できますが、発作的に起こり自然停止する場合（発作性心房細動）もあるため、スクリーニングの方法としては**ホルター心電図**が有効です。また、心臓内の血栓を確認する方法として**心臓超音波検査**も行なうことが推奨されます。また、発症予防として、心房細動が見つかり、血栓形成による脳梗塞のリスクが高いと判断された場合には**抗凝固薬の内服**を開始します。

――②くも膜下出血（表9）

◆くも膜下出血の特徴

脳という臓器は外側から硬膜・くも膜・軟膜という3層の膜で覆われており、くも膜と軟膜の隙間をくも膜下腔といいますが、この部分に出血を生じるのがくも膜下出血です。くも膜下出血を発症した人のうち3分の1は死亡、3分の1は重度後遺症残存が残り、社会復帰が可能なのは残りの3分の1のみといわれています。

原因としては、脳動脈瘤の破裂、脳動静脈奇形、外傷などがありますが、8割以上は脳動脈瘤の破裂によるものとされています。

脳動脈瘤とは、くも膜下腔を走行する動脈にできる風船のようなふくらみで、血管の分岐部に好発します。脳動脈瘤ができる原因としては、もともと先天的に動脈の壁が弱い場合もありますが、多くは高血圧、糖尿病、喫煙、加齢などによる動脈硬化が多いと考えられています。このように動脈の壁が脆弱化しているところへ、急激な血圧上昇などのストレスが加わると破裂、出血が起こります。

脳動脈瘤は、破裂する前は無症状であることが多いですが、破裂してくも膜下出血を発症すると急激に頭痛、嘔吐、意識障害などの症状をきたします。

表９　くも膜下出血の特徴

	くも膜下出血
原因	脳動脈瘤が主（80% 以上）
予後	1/3 が死亡、1/3 が重度後遺症残存
スクリーニング法	頭部 MRA
予防法	脳動脈瘤の発生予防：生活習慣病のコントロール 脳動脈瘤の破裂予防：クリッピング手術、コイル塞栓術

くも膜下出血が疑われる場合には、直ちに頭部CTやMRIを施行し出血の有無を確認します。また、本人の状態にもよりますが、出血の原因や動脈瘤の位置・大きさなどを確認するために脳血管撮影検査を行ないます。

くも膜下出血はいったん発症すると、意識障害などの重篤な状態に陥ることが多いため、治療としてまずは血圧や呼吸の管理、脳のむくみを改善するための薬物療法などを行ないます。さらに、動脈瘤はそのままにしておくと再破裂するリスクが高いため、動脈瘤に対するクリッピング手術やカテーテル治療（コイル塞栓術）を行ないます。

◆くも膜下出血のスクリーニングと予防

前述の通り、くも膜下出血の原因としては脳動脈瘤が圧倒的に多いのですが、脳動脈瘤は破裂するまで無症状のことが多いため、いかに破裂する前に発見するかが重要になります。そのためのスクリーニング方法としては、脳血管の動脈瘤を描出できる**頭部MRA**が極めて有効であり、またこの方法は脳動脈瘤以外でくも膜下出血の原因となる脳動静脈奇形のスクリーニングにも有効です。

予防に関しては、そもそも脳動脈瘤を発生させないために、高血圧、糖尿病、喫煙などの動脈硬化を促進する因子に対する治療が有効です。また、スクリーニングで脳動脈瘤が発見された場合には、大きさなどにもよりますが破裂する前に**クリッピング手術**やカテーテルによる**コイル塞栓術**を行なうことが勧められます。

――③脳出血（表10）

◆脳出血の特徴

脳出血とは、脳の中を走る細い動脈が破れて出血が起こり、流れ出た血液が脳を圧迫することで様々な症状が現れる病気です。原因としては高血圧が重要で、慢性的に血圧が高いことによって動脈の壁が脆弱化し、最終的に血管が破れることによって脳出血に至ります。また、脳動脈瘤や脳動静脈奇形、あるいはもやもや病といった疾患が原因となることもあります。

症状は、脳梗塞と同様に障害される部位によって様々です。半身のマヒや感覚障害、呂律がまわらない、めまい、ふらつきなどが出現し、出血量が多くなると脳の広い範囲が圧迫されて意識障害なども出現します。

診断のための検査としては頭部ＣＴを行ないますが、前述のように症状が脳梗塞と似て

表 10　脳出血の特徴

	脳出血
原因	高血圧が主（80%）
予後	10% が死亡、半数以上に神経学的後遺症残存
スクリーニング法	有効性が高いものはなく、早期の予防的介入が重要
予防法	高血圧のコントロール

いるため、鑑別のために頭部ＭＲＩを施行する場合もあります。

脳出血の直接的な原因は高血圧であることが多いため、治療としてはまず血圧を下げて出血量が増えないようにします。出血量が多く重症の場合には出血によってできた血のかたまり（血腫）を除去するための手術も行なわれます。

◆脳出血のスクリーニングと予防

脳動脈瘤や脳動静脈奇形、もやもや病のスクリーニングには頭部ＭＲＡが有効ですが、原因として多い高血圧による脳出血に関しては、血管の形態そのものには異常を認めないことが多いため、頭部ＭＲＡはあまり有効ではありません。むしろ、発症予防のために**血圧のコントロール**が重要です。また、動脈硬化も動脈壁の脆弱化を引き起こすため、糖尿病や喫煙など高血圧以外の動脈硬化を促進する生活習慣病の管理も重要であるといえます。

八．ＣＯＰＤ

――ＣＯＰＤ（表11）とは

ＣＯＰＤも、喫煙習慣の結果として発症するため生活習慣病の一つに数えられます。新型コロナウイルス感染症の流行に際しても、基礎疾患としてＣＯＰＤを有する人が重症化しやすいという点が注目されました。ＣＯＰＤは進行性の疾患で、一度発症すると治療によって元通りに戻すことはできませんが、早めに発見し管理することで進行を遅くすることは可能です。そのため、心血管疾患と同様に、いかに早く発見するかが重要になってきます。

◆ＣＯＰＤの特徴

ＣＯＰＤは慢性気管支炎や肺気腫という疾患の総称です。たばこの煙などに含まれる有害物質を長期間吸入することにより、肺に持続的な炎症が生じて咳や痰が出たり、気管支が細くなることによって空気の流れが低下するのが慢性気管支炎であり、気管支の先にある肺胞という組織が破壊されるのが肺気腫です。

表 11　COPD の特徴

	COPD
原因	喫煙
確定診断	呼吸機能検査で 1 秒率が 70% 以下
スクリーニング法	呼吸機能検査、胸部 CT
予防法	発症の予防：禁煙、感染合併の予防：各種ワクチンの接種

症状としては、咳、痰のほか、労作時の息切れが挙げられます。また、感染をきっかけとして急激に呼吸困難が出現したり全身状態が悪化することもあります。

ＣＯＰＤが疑われる場合、胸部のレントゲンやＣＴで肺気腫や慢性気管支炎による変化をとらえることは診断の参考になりますが、これらはあくまで肺や気管支の形態的変化をとらえたものであり、これだけではＣＯＰＤと診断することはできません。ＣＯＰＤの診断には肺機能の低下をとらえることが必要であり、そのためには呼吸機能検査（スパイロメーター）を行ないます。この検査で１秒量（最大吸気に続く努力呼気で、最初の１秒間に呼出される気量）と努力肺活量（最大努力で呼出した全気量）を測定し、１秒率＝１秒量／努力肺活量が70％以下に低下していればＣＯＰＤと診断されます。

治療としては、まず禁煙を行ない、気管支を拡張させる作用のある抗コリン薬やβ刺激薬の吸入を行ないます。また、呼吸機能の回復や維持を目的として呼吸器リハビリテーションや運動療法を行なうこともあります。

◆ＣＯＰＤのスクリーニングと予防

ＣＯＰＤの診断には呼吸機能検査が必須ですが、病初期には１秒率が低下していないこともあるため、早期に慢性気管支炎や肺の気腫性変化をとらえるという点では**胸部ＣＴ**が有用です。もしＣＴで軽度であってもこれらの変化を認める場合、病気の進行を防ぐために禁煙が必須になります。また、感染はＣＯＰＤの急性増悪の原因となることから、感染予防のために**インフルエンザワクチンや肺炎球菌ワクチンの接種**も勧められます。

九．企業の対策

心血管疾患やＣＯＰＤは、一度発症すると重症化することも多く、長期の入院や就業制限が必要となることもあります。そのため、企業としては人的ダメージを避けるためにいかにこれらの疾患を未然に防ぐかが重要であるといえるでしょう。

基本となるのは、もちろん糖尿病、高血圧、脂質異常症、肥満といった生活習慣病の予防・治療や禁煙の推進ですが、これら危険因子のコントロールが不良であったり、あるいは複数の危険因子を有する従業員に対しては、**人間ドックの受診を推奨し、心血管疾患やＣＯＰＤのスクリーニングを受けてもらうことが有効**でしょう。そのための**費用の一部も**

しくは**全額負担**を検討してもよいかもしれません。
　また、従業員がすでにこれらの疾患を発症してしまった場合にも、企業としてサポートすることが重要となります。例えば脳梗塞や脳出血などは、回復後も手足のマヒや言語障害などの後遺症が残ることが多く、このような場合には障害の程度や内容に応じて、作業転換等の就業上の措置を行なうことが求められます。あるいは、職場復帰後、発症前の自身とのギャップに悩みメンタルヘルス不調に陥るケースもあるため、企業としてはこういった事態を想定し、産業医や保健師などと連携して対策を検討する必要があります。

第四章　健康経営の具体的対策③　メンタルヘルス

――メンタルヘルスとは

メンタルヘルスとは文字通り「心の健康」のことであり、「精神保健」と訳されることもあります。WHOは健康について、「単に病気ではないあるいは弱っていないというだけではなく、肉体的にも、精神的にも、そして社会的にも、すべてが満たされた状態(well-being)にあること」と定義しており、メンタルヘルスについては「個人が自身の能力を理解し、生活における通常のストレスに対処し、生産的かつ効率的に働き、自分の属するコミュニティに貢献することができるような満たされた状態(well-being)」と定義しています。すなわち、**メンタルヘルス=心の健康とは、単に精神障害=精神疾患がないというだけでは不十分であり、精神的にポジティブな状態を安定的に保つことが重要**であるといえます。

メンタルヘルス対策は、従来の健康経営で重要視されてきたことの一つです。国もここ数年、対策に力を入れており、様々な施策を打ち出してきましたが、新型コロナウイルス感染症の流行の影響により、メンタルヘルス対策の在り方も今後は変化していくことが予想されます。

本章では、まずメンタルヘルスの基本的な事柄について解説し、さらに今回の新型コロナウイルス感染症の流行がもたらした影響と、それを踏まえた今後の対策の立て方について述べていきます。

一．メンタルヘルス不調

――メンタルヘルス不調とは

厚生労働省の「労働者の心の健康保持増進のための指針」は、メンタルヘルス不調を「精神および行動の障害に分類される精神障害や自殺のみならず、ストレスや強い悩み、不安など、労働者の心身の健康、社会生活および生活の質に影響を与える可能性のある精神的および行動上の問題を幅広く含むもの」と定義しています。つまり、精神疾患の有無にかかわらず**心の健康が不安定な状態**をメンタルヘルス不調と呼んでいます。

――メンタルヘルス不調の原因

メンタルヘルス不調の原因は、「外因性」と「内因性」に大別され、さらにそれらは各々

「職場要因」と「私的要因」に分けられます。

〈外因性〉

外的な環境要因が引き金となって発生するもので、本人の能力を超える業務負荷や職場の人間関係における緊張感やトラブルなどが原因となります。

〈内因性〉

個人的な不安や悩みから発生するもので、職場でミスをした時の無力感や達成感が得られないといった心理的な要因が引き金となります。

〈職場要因〉

職場の人間関係や業務環境など、職場での問題に起因とするもので、自分だけではコントロールできない要素があるため、ストレスが大きくなり重症化しやすい傾向があります。

〈私的要因〉

転職、離婚、病気、近隣トラブルなど、プライベートでの問題に起因するもので、本人の解決しようとする意志が重要になります。

メンタルヘルス不調の対策を講じる際には、外因性⇔内因性と、職場要因⇔私的要因という二つの軸で原因の分析を行なう必要がありますが、これらの要因は複雑に絡み合っていることも多く、またそういった場合には互いに悪影響を与えてますますメンタルヘルス不調が悪化する可能性があります。

――メンタルヘルス不調の症状

メンタルヘルスが不調になると、早期から身体的にも精神的にも様々な兆候が現れます。身体的には、**食欲不振、吐き気、過食、不眠、肩こり、頭痛、飲酒量の増加**などが、精神的には、**イライラする、物事に集中できない、やる気が出ない**といった兆候がみられるようになります。

職場においては、業務上の兆候として以下のようなものがあります。

◆遅刻・早退が増える
◆無断欠勤をする
◆突然有給休暇を取るようになる
◆業務の能率が低下する・ミスが増える
◆報告・連絡・相談がなくなる
◆周囲との交流を避ける

◆挨拶をしなくなる

こういった不調が改善されずに病状が進行すると、やがてうつ病、適応障害、不安障害、アルコール依存症などの精神疾患に至ることもあります。

二．メンタルヘルス不調による精神疾患

――うつ病

うつ病とは、気分が強く落ち込み憂鬱になる、やる気が出ないといった症状が長い間持続し、日常生活に支障をきたすようになった状態を指します。

うつ病の原因は単一ではなく、脳内の神経伝達物質の不適切な分泌、慢性的な疲労のような身体的要因、過度のストレスのような精神的要因、人間関係のトラブルのような環境要因などが複雑に重なることによって発症すると考えられています。

症状としては、気分の落ち込み、意欲の低下、物事への無関心、不安や焦りなどの精神

症状、動悸、耳鳴り、めまい、食欲低下、肩こりなどの身体症状を認めます。

うつ病の診断には、ＤＳＭ(Diagnostic and Statistical Manual of Mental Disorders)－５の診断基準（表12）が一般的に用いられています。

うつ病の治療としては「うつの原因を取り除く」ことが重要であるため、もしうつの主原因が職場にあるようであれば、場合によっては休職も必要になります。そのため、**もし従業員のうつ病が疑われた場合には、速やかに医療機関を受診させ、適切な診断をしてもらうことが重要**になります。

――適応障害

適応障害とは、ストレスにうまく対応することができないことによって抑うつ、不安、不眠などの症状が現れ、日常生活に支障をきたすようになった状態を指します。

原因としては、人間関係のトラブルのような精神的ストレスや環境の変化といった外的な要因と、ストレス耐性の低さなどの内的な要因があり、この両者が組み合わさることによって適応障害を発症します。

症状は様々で、抑うつ気分、不安、怒り、焦り、緊張といった情緒面の症状や、アルコー

表 12　うつ病（大うつ病性障害）の診断基準（DSM-5 より）

以下の A ～ C をすべて満たす必要がある
A: 以下の症状のうち、(1) または (2) を含む 5 つ（またはそれ以上）が同じ 2 週間の間に存在し、病前の機能からの変化を起している。明らかに他の医学的疾患による症状は含まない。 (1) ほとんど 1 日中、ほとんど毎日の抑うつ気分 (2) ほとんど 1 日中、ほとんど毎日の、すべて、またはほとんどすべての活動における興味、喜びの著しい減退 (3) 食事療法中ではないにも関わらず著しい体重減少あるいは体重増加、またはほとんど毎日の食欲の減退または増加 (4) ほとんど毎日の不眠または過眠 (5) ほとんど毎日の精神運動性の焦燥または制止（他者によって観察可能なもの） (6) ほとんど毎日の疲労感または気力の減退 (7) ほとんど毎日存在する無価値観または過剰（不適切）な罪責感 (8) ほとんど毎日認められる思考力や集中力の減退または決断困難 (9) 死についての反復思考、自殺念慮、自殺企図、自殺するためのはっきりとした計画
B: 症状は臨床的に著しい苦痛または社会的・職業的・他の重要な領域における機能の障害を引き起こしている
C: エピソードが一般身体疾患や物質依存（ 薬物またはアルコールなど ）では説明できない

ルの過剰摂取、暴食、無断欠勤、赤ちゃん返りといった行動面の症状がみられます。適応障害の診断基準を表13に示します。

治療として最も重要なのは、原因となるストレスからの解放です。うつ病の場合と同じく、**もしストレスの原因が職場にあるようであれば休職も検討しなければいけないため、医療機関の受診とそれによる診断の確定が重要**になります。

――不安症群／不安障害群

不安症群というのは、精神疾患の中で、不安を主症状とする疾患群をまとめた総称です。突然訪れる恐怖や強い不安によって、動悸やめまい、呼吸困難などが現れるパニック障害や、毎日の生活の中で漠然とした不安や心配を慢性的に持ち続ける全般性不安障害はこの中に含まれます（図23）。なお、強い精神的衝撃を受けることが原因でフラッシュバックや悪夢などの様々な症状が長期にわたり出現するようになる心的外傷後ストレス障害（ＰＴＳＤ）なども以前は不安障害に分類されていましたが、ＤＳＭ‐５では独立した疾患群として再定義されました。

不安症群の原因はまだ十分に解明されていませんが、脳内神経伝達物質の不適切な分泌

表 13　適応障害の診断基準（DSM-5 より）

以下の A ～ E のすべてを満たす必要がある
A. はっきりと確認できるストレス因子に反応して、ストレスが始まって 3 か月以内に症状が出現 B. 症状は以下のうち、少なくともどちらかの証拠がある （1）そのストレス因子に不釣り合いな程度の症状、苦痛 （2）社会的、職業的などの生活に重要な領域の機能に重大な障害をきたしている C. 他の精神疾患では説明できない D. その症状は、死別反応を示すものではない E. そのストレス因子やその結果がひとたび終結すると、症状は 6 か月以上持続することはない

図 23　不安症群 / 不安障害群の分類

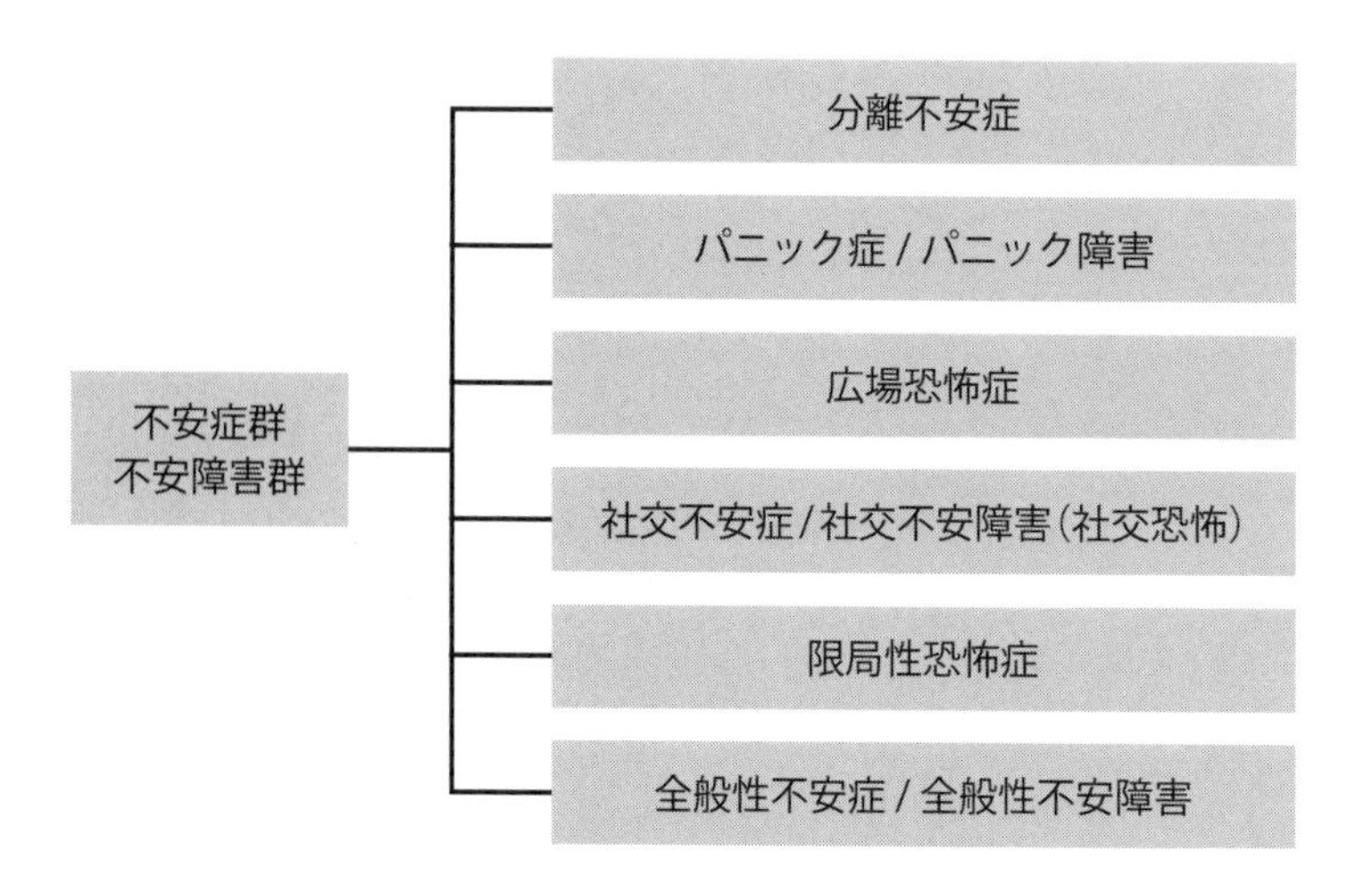

と精神的ストレスのような心理的要因が重なることによって発症すると考えられています。

症状は文字通り「不安」で、はっきりした理由がないのに、あるいは理由があってもそれと不釣り合いに強く、または繰り返し起きたり、いつまでも続いたりする病的な不安を認めます。

治療としては、選択的セロトニン再取り込み阻害薬やベンゾジアゼピン系抗不安薬などによる薬物療法や、認知行動療法などの心理療法が行なわれます。

——アルコール依存症

アルコール依存症は薬物依存症の一種で、長期間多量に飲酒した結果、アルコールに対し精神依存や身体依存をきたす病気です。以前は、アルコール依存症は本人の意思の弱さや道徳観念の欠如が原因とされていましたが、現在ではアルコール＝エタノールという薬物の長期間摂取が原因であり、誰でも罹患しうる病気であると認識されるようになりました。

慢性的に大量のアルコールを摂取することにより、アルコール耐性が形成され飲酒量が増加し、飲酒の欲求が抑えられなくなったり摂取量をコントロールできなくなる精神依存の症状や、アルコールが体から切れてくると手指のふるえや発汗などの離脱症状が出現する身体依存の症状が出現するようになります。大量飲酒のきっかけとしては、精神的ストレスや不眠などが引き金になることがあります。

治療は当然断酒になります。しかし、まずは外来通院で断酒を試みることもありますが、多くの場合入院治療が選択され、離脱症状や合併症の治療も合わせて行ないます。

――早期発見の重要性

これまで挙げた疾患以外にも、統合失調症や人格障害など、ありとあらゆる精神疾患がメンタルヘルス不調をきっかけとして発症する可能性があります。これを防ぐためにはできる限り早期にメンタルヘルス不調の兆候をとらえ、それに対処していくことが必要であり、**特に職場での早期発見には「社員同士の気付き」が重要**です。また、メンタルヘルス不調の兆候が認められれば、早期に産業医面談など産業保健スタッフの介入を行ない、治療が必要であると判断されれば精神科・心療内科へ紹介するなどの対応も必要になります。

三．仕事とメンタルヘルス

――職域でのメンタルヘルス対策

前述の通り、職場要因によるメンタルヘルス不調は重症化しやすいため、近年では職域でのメンタルヘルス対策が課題になっています。

厚生労働省の平成30年版「労働安全衛生調査」によると、現在の仕事や職業生活に関することで、強い不安、悩み、ストレスになっている感じる事柄がある労働者は全体の58・0％という結果が得られました。実に6割近い労働者が、仕事に対して強いストレスを感じているというのです。このような状況から、国は働く人のメンタルヘルス不調の防止対策を推進しており、様々な指針やガイドラインを打ち出しています。厚生労働省は２００６年に「労働者の心の健康の保持増進のための指針（メンタルヘルス指針）」を策定し、定期的に改訂を行ないながら事業者が行なう労働者のメンタルヘルス対策の強化を進めています。２０１５年より義務化された「ストレスチェック制度」もメンタルヘルス対策の一環であり、また２０１８年に打ち出された「働き方改革」もメンタルヘルス対策としての側面があります。

四．厚生労働省が提唱するメンタルヘルス対策

――4つのケア

厚生労働省は「労働者の心の健康の保持増進のための指針」の中で、事業場におけるメンタルヘルスケアの実施にあたり、**「4つのケア」**が重要であるとしています。「4つのケア」とは具体的には、**①セルフケア、②ラインによるケア、③事業場内産業保健スタッフ等によるケア、④事業場外資源によるケア**になります。

――①セルフケア（個人レベル）

セルフケアは、労働者が自分自身で行なうことができるケアのことで、具体的な内容としては、労働者がストレスやメンタルヘルスに対して正しく理解し、自らストレスに気付き、予防、対処できるようにすることです。事業者としては、労働者がセルフケアを行な

えるように支援することが重要になります。

――②ラインケア（部署レベル）

ラインケアは、日常的に労働者に接する職場の管理監督者が部下に対して行なうケアのことで、具体的な内容としては、職場環境等の把握と改善、労働者からの相談対応、職場復帰における支援などになります。

――③事業場内産業保健スタッフ等によるケア（企業全体レベル）

事業場内産業保健スタッフ等によるケアとは、産業医や衛生管理者、保健師、人事・労務担当者などが労働者および管理監督者に対し、セルフケアおよびラインケアが効果的に行なえるように支援することをいいます。具体的な内容としては、メンタルヘルスケアの実施に関する企画立案、個人の健康情報の取扱い、事業場外資源とのネットワークの形成やその窓口、職場復帰における支援などになります。

——④事業場外資源によるケア（企業外レベル）

事業場外資源によるケアは、事業場の外部の専門的な機関や専門家を活用して、自社のメンタルヘルス対策を効果的にするための支援を受けることをいいます。具体的な内容としては、情報提供や助言を受ける、ネットワークの形成、職場復帰における支援などになります。

さらに、これら「4つのケア」が適切に実施されるよう、事業場内の関係者が相互に連携し、メンタルヘルスケアの教育研修・情報提供、職場環境等の把握と改善、メンタルヘルス不調への気付きと対応、職場復帰における支援といった取り組みを積極的に推進することが求められています（図24・25）。

——「4つのケア」の実際

「4つのケア」は、もちろんすべて行なうことができるのが望ましいですが、特に③や④に関して、大企業はともかく中小規模の企業では資金、人材などの面から実施が難しいケースもあり、実際のデータでも、企業規模が小さくなるほどメンタルヘルス対策が不十

図 24 「4 つのケア」によるメンタルヘルスケアの進め方

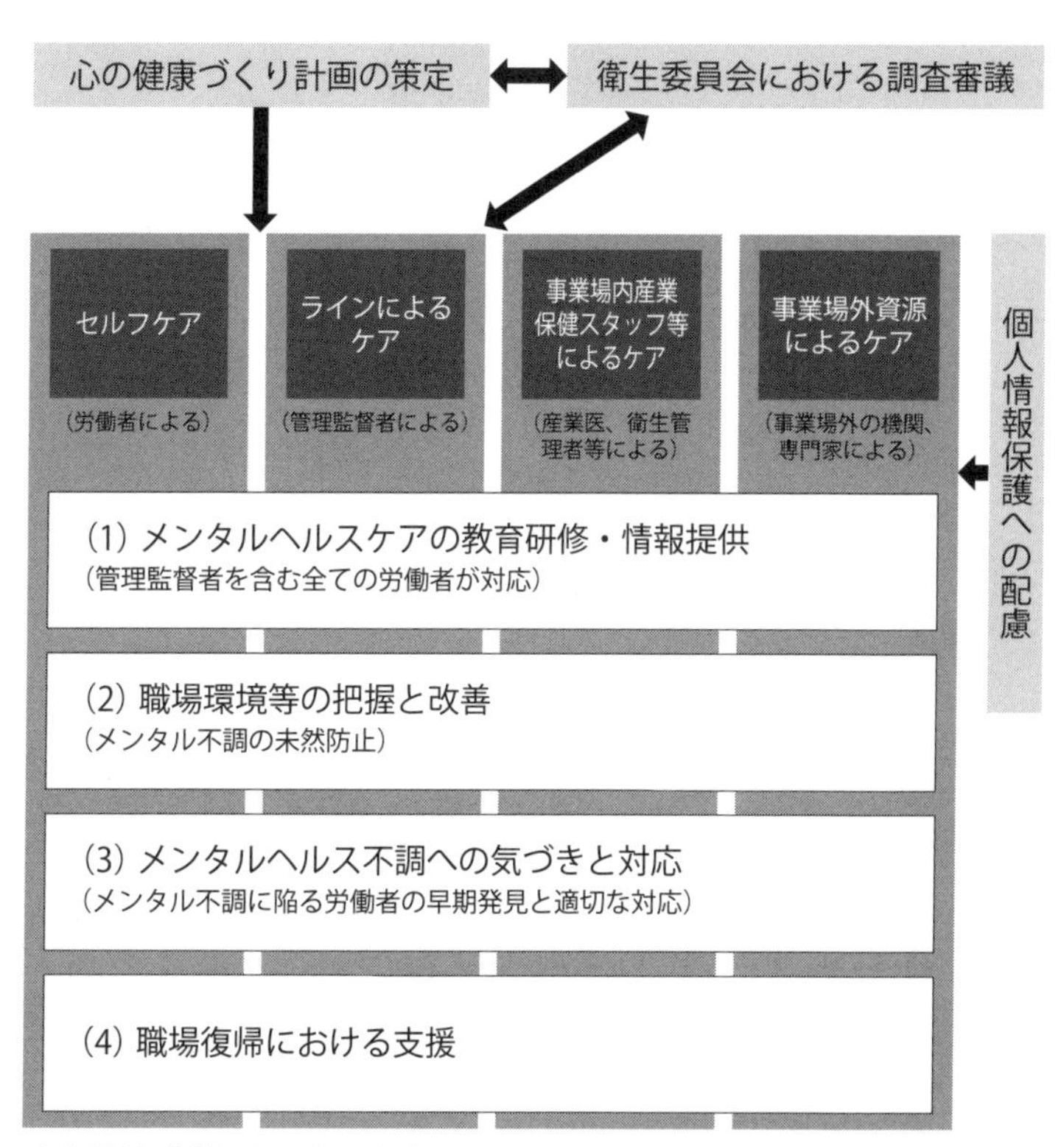

（厚生労働省 「職場における心の健康づくり～労働者の心の健康の保持増進のための指針～」より抜粋）

図25　事業場におけるメンタルヘルス体制例

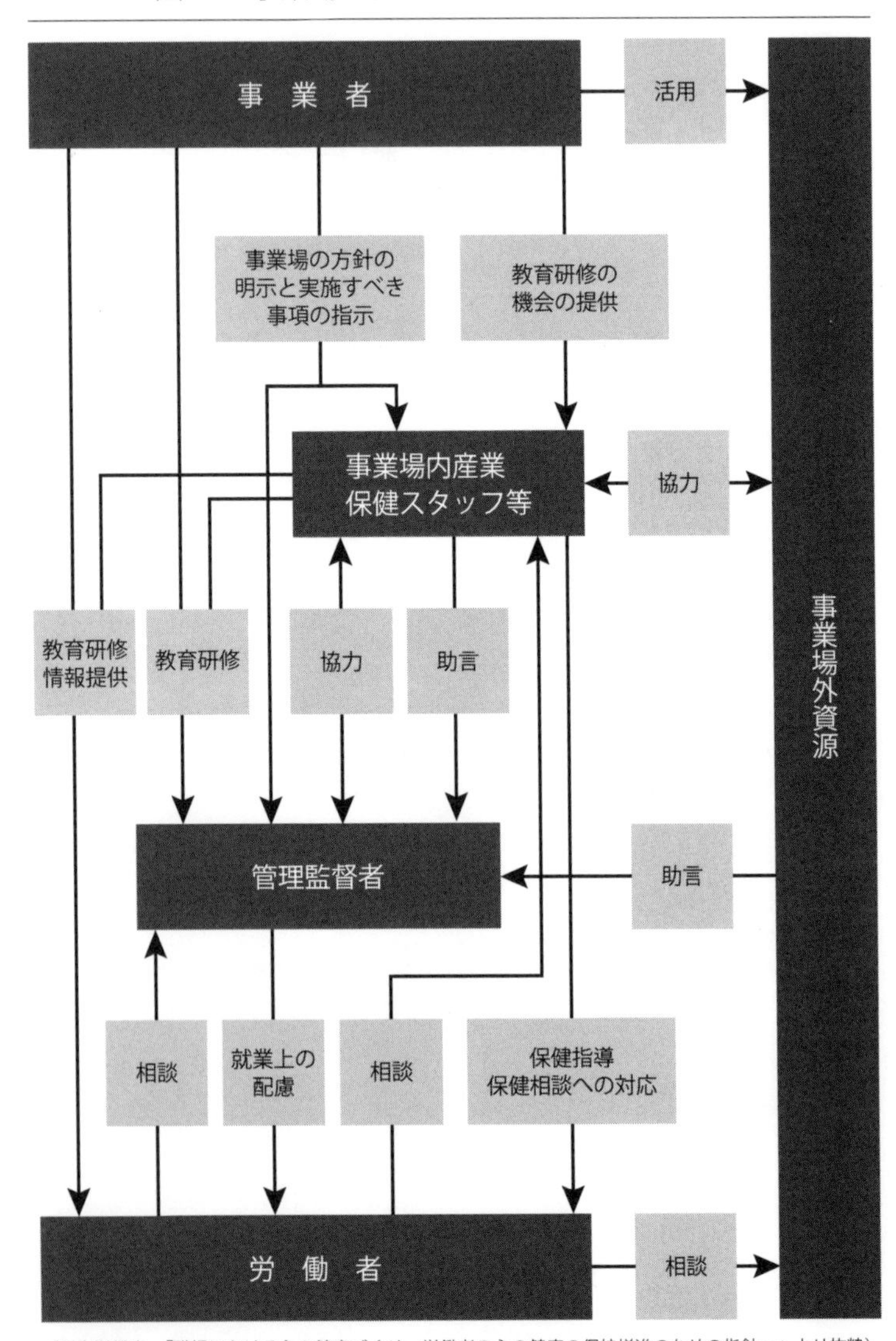

（厚生労働省「職場における心の健康づくり〜労働者の心の健康の保持増進のための指針〜」より抜粋）

分になる傾向があります。先にも引用した平成30年版「労働安全衛生調査」によると、メンタルヘルス対策に取り組んでいる事業所の割合は全体の59・2％ですが、事業所規模別にみると、従業員が1000人以上の事業所では99・7％であるのに対し、10～29人の事業所では51・6％と顕著な差がみられるのが現状です。この状況を改善させるためには、**中小規模の企業においては、まず担当者に「4つのケア」の考え方を浸透させ、比較的実施しやすいセルフケアやラインケアから始めるのが有効**です。実際に、管理職に対するメンタルヘルス研修を実施・継続することが社員のメンタルヘルス不調の抑制に有効であった例もみられます。

五．ストレスチェック制度

――ストレスチェックの目的

ストレスチェック制度とは、労働者がメンタルヘルス不調になるリスクを未然に防止し、精神的な健康を保持増進することを目的とした制度で、2015年12月1日からは従業員

50人以上の職場で毎年一度定期的に行なうことが義務化されました。

一般的に、病気の予防は介入する対象と時期によって一次予防（健康増進と疾病の予防）、二次予防（疾病の早期発見・早期治療）、三次予防（合併症や再発の予防）の三段階に分類されます。これは精神疾患も例外ではありませんが、**ストレスチェック制度は労働者に自分自身のストレス状況についての気付きを促し、メンタルヘルス不調のリスクを低減させるために実施する、一次予防を目的とした検査**です。

――ストレスチェックの方法

具体的な方法は、労働者にストレスに関する質問票を記入してもらい、それを集計・分析することで、その人のストレスがどのような状態にあるのかを調べます。労働者本人に対してはその結果を通知し、必要に応じて産業医による面談を行なうことにより前述のセルフケアを促す一方、企業側としては産業医から就業上の措置の必要性や内容について意見を聴取し、具体的な対策を実施します。

また、ストレスチェックのもう一つの側面として、個人の結果を一定規模のまとまりの集団（各事業所や部署など）ごとに集計・分析し、職場環境の改善につなげるということが挙げられます。**集団ごとの分析を行なうことにより、高ストレス者が多い集団やその特徴などが把握できるため、職場環境の改善のために取り組むべきポイントを押さえやすくなる**という効果があります（図26）。

六．新型コロナウイルス感染症とメンタルヘルス

――新型コロナウイルス感染症のメンタルヘルスに与えうる影響

新型コロナウイルス感染症の流行により、社会は激変しました。感染拡大防止のために緊急事態宣言が出されたことにより外出自粛や営業自粛が要請され、企業では急速にテレワークや時差通勤などが導入されました。こういった社会環境の急激な変化はメンタルヘルスに極めて大きな影響を与えます。しかも、流行が長期化の様相を呈していることから、今後は新型コロナウイルス感染症によるメンタルヘルス不調への中・長期的な対応が重要になっていくと考えられます。

本項では、新型コロナウイルス感染症がメンタルヘルスに与えうる影響と、企業として

図 26　ストレスチェックの流れ

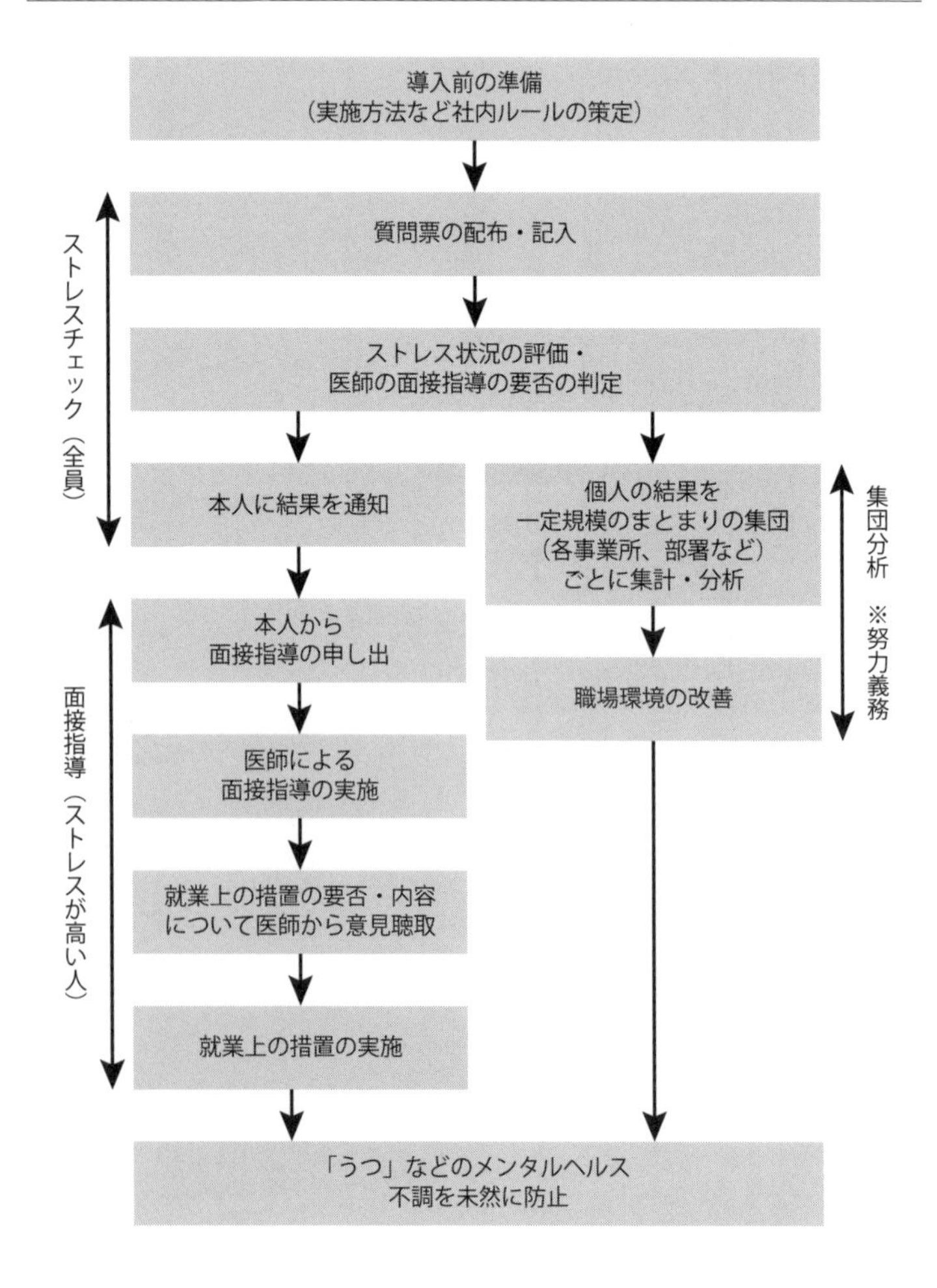

注意すべき点について述べていきます。

——①感染に対する不安

ＷＨＯのデータによれば、日本における新型コロナウイルス感染症の致死率は３％前後で推移しており、世界の平均値（3.8％）と大差ありません。しかし、これは２０２０年８月時点でのデータであり、今後の感染者数や死亡者数の推移によって変化していく可能性があります。このように、新型コロナウイルスは世に出てから日が浅く、その動態や危険性に関するデータは未知の部分が多いため、今後のデータの蓄積による特徴の解明が待たれるところですが、そもそも、**「未知の感染症」というものが人間に与える不安**は甚大なものです。現段階では重症化しやすい人の特徴や感染による長期的な身体への影響などがはっきりしておらず、ワクチンや治療薬の有効性や長期的な影響などについても不明な点が多いことは、不安の大きな原因となります。

こういった不安に対する対策としては、まず**「病気に対し不安や恐れが生じることは自然なことである」ということを理解することが重要**です。そのためには、企業としては産業医や保健師などの産業保健スタッフに依頼して、従業員に対し**病気に関する教育や正し**

い情報提供を行なってもらうというのが有効です。しかし、従業員が産業保健スタッフと直接コンタクトを取れる機会は限られているため、まずは人事・労務担当者などを対象に産業医や保健師から研修会や資料提供などの形で教育や情報提供をしてもらい、それを社内に周知するという方法が現実的であると思われます。また、社内での周知を進めるためには、管理職側のリテラシーを高めることも重要であるため、これらの人たちを対象とした研修を行なうことも有効であると考えられます。ただし、コロナ流行下では対面による研修は難しいため、オンライン会議形式での研修などを行なえるようにシステムを整備する必要があります。

――②差別・偏見に対する不安

新型コロナウイルス感染症に関しては、身体面・健康面以上に、**差別・偏見に対する不安が大きい**のではないかと思います。これは、感染症が持つ「他者へ伝染する」という性質によるところも大きな理由でしょう。自分が罹患して差別されることに対する不安の他に、感染者からうつされるのではないかという不安が差別を生むこともあります。実際、新型コロナウイルス感染症の流行以後、感染者や感染が疑われる人に対する誹謗中傷や、感染者やその家族を特定しようとする「感染者狩り」、外出や店舗営業などに対して私的に取り締まりや攻撃を行なう「自粛警察」など、その事例は枚挙にいとまがありません。これは企業の中でも同様で、もし従業員に感染者が出た場合、他の従業員が感染者本人や濃厚接触者を特定しようとする動きが出てくる可能性は十分に考えられます。

従業員に感染者が出た場合、**社内の感染予防の徹底および感染拡大防止の観点から情報は速やかに周知すべき**ですが、どこまで情報を開示するかということは、感染者本人のプライバシーの問題と、周りの従業員に与える不安とのバランスを考えて慎重に判断する必要があります。具体的には、**感染者の出た部署やフロアなどについては開示しても、従業員本人の固有名詞は出す必要はありません**。同時に、職場の消毒や、感染者との濃厚接触者や接触が多かったと考えられる人を自宅待機にするといった対策を行ない、企業として対策を徹底していることを従業員に示すことが有効であると考えられます。

率直に言って、差別や偏見というものは簡単には取り除けないものです。しかし、具体的な対策を行ない、それを徹底・継続するということが、差別や偏見を減らす上で重要であるといえます。

――③働き方の変化への不安

新型コロナウイルスの感染拡大を防ぐ目的で、職場に行かず自宅などで仕事をするテレワークを導入する企業が多くみられました。これまでも政府は、働き方改革の一環としてテレワークを推奨してきたものの、セキュリティや導入コストの問題もありなかなか普及は進みませんでしたが、新型コロナウイルス感染症の流行で半ば強制的に普及が進んだといえるでしょう。

従業員にとってのテレワークは、通勤時間が削減できる、家庭（家事・育児など）との両立が可能になるといったメリットがある反面、メンタルヘルスに悪影響を与える要因として、上司や同僚との直接的なコミュニケーションが減ることによる**孤独感・疎外感の増強、ラインケアの希薄化**といったデメリットがあります。具体的には、非対面のやりとりで相手の気持ちが察しにくいという不安や、同僚や上司から仕事をサボっていると思われることに対する不安が大きなウエイトを占めています。

このような不安に対する対策としては、**部署内などでのオンライン会議ツールを用いた定期的なミーティング**が有効と考えられます。オフィス内で仕事をしている場合、対面で情報のやり取りをするため、相手の話した内容だけではなく表情や仕草、声色などから多くの情報が得られますが、テレワークの場合、メールやチャットといった文字情報でのやり取りが主体になるため、得られる情報は少なくなり、これが不安を生む要因となっています。オンライン会議ツールを用いれば、相手の表情や声を確認できるだけでなく、互いの様子を窺いながら業務を進めることも可能になるため、円滑なコミュニケーションによる作業効率の向上が期待できます。企業側は、こういった**ミーティングを企業として推奨する旨を社内に周知する**と同時に、**オンライン会議に必要な環境の整備（従業員の通信費の一部〜全額負担など）**を行なうことが求められます。

――④精神疾患の発症・増悪

新型コロナウイルス感染症は、社会全体を大きく揺さぶっています。このような状況下では、新たに精神疾患を発症する人も少なくありません。実際に、自粛疲れや感染に対する不安といったストレスが引き金となって引き起こされる**「コロナうつ」**と呼ばれる状態が取り沙汰されています。また、もともと精神疾患を有する人はストレス脆弱性を有することからメンタルヘルス不調に陥りやすいため、特にうつ病や適応障害、不安障害などは増悪しやすくなります。加えて、精神疾患に分類される薬物やアルコールの依存症も、ストレスの増大に加え、テレワークや外出自粛の影響で在宅時間が長くなることや監視の目がなくなることによって増悪・再発するリスクが高まります。

新型コロナウイルス感染症の流行が引き金であったとしても、精神疾患の発症・増悪に対する対策は、通常の場合と同様、メンタルヘルス不調の兆候を早期に発見、対応することが重要です。しかし、通常の場合と異なるのは、テレワークや在宅勤務のためにオフィスへ通勤する機会が減れば社員同士が顔を合わせることも減るため、メンタルヘルス不調の兆候を早期にとらえるための**「社員同士の気付き」の機会も失われる**ことになります。また、もともとメンタルヘルス対策として行なわれることも多かった企業における対面での**産業医面談も、従業員、産業医双方の出社が制限され施行が困難になっている**企業も多くみられます。

社員同士の気付きに関しては、前項で述べたオンライン会議ツールの活用が有効です。対面の場合以上に詳細な情報を得ることは難しいかもしれませんが、文字情報のみでのやり取りに比べればはるかに多くの情報を得られるため、**部署内などでオンライン会議ツールによる定期的なミーティングを開催する**ことや、場合によっては**雑談の場を設ける**ことも勧められます。

　また、産業医面談に関しても、オンライン面談が有効な手段であると考えられます。企業がとるべき手段としては、**現在契約している産業医にオンライン面談が可能な環境を提供するか、オンライン面談に対応している産業医と新規に契約する**といったことが挙げられます。

第五章　ポストコロナの企業―医師関係

――企業―医師関係の変化

従業員の健康問題について、企業がまず相談するのは産業医です。その点で、企業の健康経営にも大きくかかわってくる存在なのですが、新型コロナウイルス感染症の流行に伴う社会の変化により、産業医の役割も変化していく可能性があります。また、産業医の契約対象は企業であり各従業員ではないため、**産業医は医療行為を行ないません**が、これからの健康経営においては、従業員に対して積極的に医療的介入を行なう必要性が増していくと考えられるため、企業としては、**従業員に医療的な措置が必要となった場合のスムーズな対応が求められる**ようになるでしょう。それに伴い、企業と、産業医を含めた医師の関係も変わっていくことが予想されます。

本章では、これからの産業医の在り方と、そこからさらに一歩進めた企業の「かかりつけ医」ともいうべき存在について述べたいと思います。

一．産業医とは

――産業医の役割

企業は、職場における労働者の安全、衛生や健康を守る業務を産業医に委託します。

産業医は健康経営には欠かせない存在で、**医学的な立場から労働者の健康保持増進や職場環境の改善などについて助言する**という役目を担っています。具体的には、健康診断とその結果に基づく措置（医療機関への受診勧奨や保健指導など）、治療と仕事の両立支援、ストレスチェック制度や長時間労働者への対応、職場巡視、衛生委員会における医学的見地からのアドバイス、健康情報の適切な管理などが挙げられます。

――産業医の選任規定

産業医を選任する規定については、労働安全衛生法で、

従業員数50人以上3000人以下の規模の事業場……1名以上選任

従業員数3001人以上の規模の事業場……2名以上選任

と決められています。なお、従業員50人以上1000人未満の場合は嘱託産業医（非常勤）

でも可能ですが、従業員1000人以上の事業場と、有害業務に常時500人以上が従事している事業場は、専属産業医（常勤）を選任しなければならないと規定されています。また、従業員数が50人未満の事業場では、産業医の選任義務はないものの、従業員に対する「安全配慮義務」が求められ、従業員の健康管理等を行なうのに必要な医学に関する知識を有する医師等に、労働者の健康管理等の全部又は一部を行なわせるように努めなければならないとされています。例えば、月80時間を超える時間外労働者が発生した場合は、産業医との面談が義務付けられているため、産業医設置義務のない企業でも産業医に面談を依頼する必要が生じます。

二．産業医の探し方

それでは、企業はどのようにして産業医を探せばよいのでしょうか。いくつか方法がありますが、代表的なものについて述べていきます。

――①医師会に紹介してもらう

都道府県医師会や郡市区医師会に相談すれば、医師会に登録している産業医を紹介してもらえます。ただし、地域によっては産業医の紹介を行なっていない医師会もありますので、事前に確認する必要があります。この方法は、地域の産業医を紹介してもらえるため、地方に事業所がある場合でも探しやすいというメリットがある反面、産業医と事業場との直接契約になることが多いため、企業と産業医との間でトラブルが起きた場合は直接当人と話し合って解決しなければならないというデメリットもあります。

――②健診機関に紹介してもらう

企業で健診を委託している機関に相談して、そこに所属している産業医を紹介してもらうという方法もあります。メリットとしては、健康診断契約と産業医契約をまとめることによりコストが割安になることが挙げられます。デメリットとしては、健診機関に所属する産業医は限られていることから、健康診断の繁忙期などは、従業員のメンタル不調などによる産業医面談や、休職者対応などの企業側のニーズに十分な対応ができないということがあります。

――③紹介会社を活用する

一般的な従業員採用と同様に、医師を扱っている人材紹介会社を活用して産業医を紹介してもらうという方法もあります。メリットとしては、登録している産業医が多い会社であれば自社の特徴やニーズに合った産業医を紹介してもらえる可能性が高いという点が挙げられます。一方で、産業医との直接契約に比べると紹介料やサービス料などの手数料がかかり割高になるというデメリットがあります。

――④社内外の人脈を活用する

従業員やその知人を介して産業医を紹介してもらう方法です。同業他社や近隣の企業ですでに産業医を選任している所に相談するという方法もここに含まれるといえます。この方法であれば、求人を出したり仲介業者を探したりする手間が省けるため、スムーズに選任にまで至るのがメリットであるといえます。しかし、選任した産業医が自社の求めるニーズに合わなかった場合、紹介してくれた相手との関係上、交代させるのが困難であるというデメリットがあります。

三．産業医に何を求めるか

――自社のニーズの明確化

産業医を選任する際に重要なのは、**産業医に求める自社のニーズを明確にしておくこと**です。例えば、従業員の身体的な健康管理を重視するのであれば、生活習慣病の管理が大きな割合を占めるので、内科医の産業医が望ましいと考えられます。他にも、メンタルヘルス対策を主体に考えるのであれば精神科医の産業医、女性が多い職場であれば女性の産業医といった選び方もあります。

また、従業員が多い企業の場合、面談の件数も多くなることが予想され、それに伴い産業医の業務時間も長くなることから、「自社の産業医業務にどれだけの時間を割いてもらえるか」ということも選定する基準の一つになるといえます。

四．ポストコロナの産業医の在り方

——感染症予防

今後、産業医に求められる対応としては、冒頭に述べた役割に加え、**感染症対策が重要になる**と考えられます。前述の通り、産業医は医療行為を行なわないため、予防接種などを行なうことはできません。産業医が行なう感染症対策としては、**感染症予防に関する正しい情報を企業側に提供する**ということが基本になります。マスクの使用方法や手洗い・消毒の仕方などの直接的な感染予防策についてはもちろんのこと、実際に感染者が出た場合の対応策などについても、最新の情報をアップデートして企業に助言をするという役割が求められます。企業側も、こういった産業医の役割を認識し、積極的に助言を求めていく姿勢で臨むことが、職場での感染症を防ぐことにつながります。

——メンタルヘルス対策

また、新型コロナウイルス感染症流行の長期化に伴い、メンタルヘルス不調者も徐々に増加していくことが予想されます。当然、企業の従業員がメンタルヘルス不調に陥るケースも多くなるため、企業と産業医はその対応を迫られることになります。新型コロナウイルスに関するメンタルヘルス不調の特徴は、その背景として**「感染に対する恐怖」「社会の変化に対する不安」**などがあることで、産業医はこういった特徴を理解し、企業側と相談しながら臨機応変に対応を考えていく必要があります。

五．企業の「かかりつけ医」

――「産業医」と「かかりつけ医」

産業医は診断や治療などの医療行為は行ないません。しかし、本書でこれまで述べてきたように、コロナ後の健康経営においては、**感染症対策や生活習慣病に対する早期の医療的介入といった医療行為が必要となってくる**ものと思われます。また、新型コロナウイルス感染症の流行が長期化するにつれて、メンタルヘルス不調から精神疾患を発症するケースは増加することが予想されるため、速やかな薬物療法の導入などの医療的介入が必要になる場合もあると思われます。こういった医療行為を産業医が直接行なうことはできないので、企業側としては、**産業医とは違った形での医師との関係が必要となります。**すなわち、産業医とは別に、**企業として「かかりつけ医」のような存在を持つことによって、感染症への対応や検査、投薬による治療などの医療行為を行ないやすくする**ということが、今後の健康経営には必要なのではないでしょうか。

以下に、かかりつけ医を持つことのメリットについて、具体的な状況を想定しながら述べていきます。

――①従業員の新型コロナウイルス感染が疑われる場合

例えば、今回の新型コロナウイルスへの対応を例に考えてみます。

新型コロナウイルスの流行当初、感染が疑われる人は、各保健所などに設置された「帰国者・接触者相談センター」へ直接相談し、相談員が必要と判断したケースのみ診断のためのPCR検査が行なわれるというシステムがとられていました。しかし、PCR検査の実施可能件数の制限もあり、検査を断られるケースが続出しました。その後、都道府県の医師会などがPCRセンターを設置したり、新型コロナウイルス感染症外来を開設する病院も出てくることによって、少しずつ体制が整っていきましたが、これらのPCRセンターや新型コロナウイルス感染症外来は一般の方が直接受診することはできず、かかりつけ医からの紹介を要するものでした。しかし、企業の従業員の多くを占める若い人や、もともと特に持病のない人はかかりつけ医をもたないことが多いため、ＰＣＲセンターや新型コロナウイルス感染症外来を利用できないというケースも少なからずあったと思われます。企業としても、感染が疑われる従業員が出た場合、対応に苦慮するということも多かったのではないでしょうか。このような場合に**企業がかかりつけ医をもっていれば、感染が疑われる従業員を受診させて、必要であればＰＣＲセンターや新型コロナウイルス感染症外来へ紹介してもらうといった形で、スムーズな対応が可能になります。**

――②従業員に新型コロナウイルス感染者が出た場合

従業員に新型コロナウイルス感染者が出た場合の対応については、日本渡航医学会と日本産業衛生学会が共同で発行している「職域のための新型コロナウイルス感染症対策ガイド」に詳述されており、感染者は宿泊療養または自宅療養を開始した日から14日間の就業制限、濃厚接触者は感染者との最終接触日の翌日から14日間の健康観察をそれぞれ行なうことなどが記載されていますが、その他の従業員については特に規定はなく、また事業所の一時閉鎖や再開などの対応についても明確な基準は示されていません。そのため、これらの対応に関しては保健所の意見なども参考にした上で各企業の裁量に任されているのが現状です。企業としては、事業所の一時閉鎖や再開の根拠として、判明している感染者以外の従業員についての新型コロナウイルス感染の有無に関する情報が必要になるケースも想定されます。また、同じ事業所内の従業員が不安を感じ、新型コロナウイルス感染症の検査を希望するケースもありうるでしょう。こういった場合、もし**企業のかかりつけ医でPCR検査や抗原・抗体検査などが可能であれば、一時閉鎖や再開の判断もスムーズに下すことができ、また従業員の感染の有無を判定することで過剰な不安を払拭することもできます。**

――③従業員が生活習慣病などで定期的に医療機関を受診している場合

今回の新型コロナウイルスの流行で問題になったことの一つとして、患者が医療機関内での感染に対する恐怖から定期通院を中断してしまう、ということがありました。

報道されている通り、新型コロナウイルスの流行下での顕著な変化として、不要不急の医療機関受診が減ったことが挙げられます。確かに、今までは不要不急の受診や投薬が医療財政を圧迫していた側面があり、その意味では無駄な医療行為の減少は歓迎すべき変化であるといえます。しかし、その裏で、必要な受診ですら控える事例がみられ、定期受診をせず薬も自己中断するという現象が起こっています。特に生活習慣病などは、治療を中断してもすぐに異常が現れることは少ないため、そのまま放置されることも珍しくありません。しかし、第三章でも述べたように、生活習慣病は心血管疾患の危険因子であるため、放置することで最終的に重篤な状態に陥る可能性があります。

さらに、医療機関側の問題として、感染者や感染が疑われる患者の対応に追われることによって通常の診療が困難となり、普段なら受け入れ可能な患者を受け入れることができなかったり、もともと予定していた手術などが延期になるという事例も見られました。その結果として、普段なら助かったであろう救急患者が助からなかったり、手術などの必要な治療行為が延期となったため症状が重篤化したケースもあると思われます。２０２０年４月の東京都の死亡者数が過去の平均と比較して高かったのは、新型コロナウイルス感染による死亡の他に、通常なら助かる人が助からなかったことも原因の一つであると考えられます。

新型コロナウイルス感染症は、未だに収束の見込みは立っていません。そのため、今述

べたような状況は、当面続くことが予想されます。そのため、危惧されることとして、

生活習慣病で定期通院している人が通院を中断、怠薬する

↓

コントロールが不良となり、結果として心血管疾患を発症する

↓

医療機関での救急受け入れや迅速な医療処置が困難であるためより重症化する

といったことが起こりかねません。これは生活習慣病の治療についての例ですが、それ以外、例えばがんの検査と治療などについても発見の遅れとそれに伴う病気の進行などのリスクが高まることが予想されます。

こういった事態に対して、もし企業が相談できるかかりつけ医をもっていれば、より効果的に医療機関の受診を促すことが可能でしょう。例えば、**受診による感染リスクを低下させるため、あらかじめかかりつけ医に連絡した上で感染が疑われる患者が受診していない時間帯を予約してもらったり、他の患者との接触を避けるためにオンライン診療で対応**

してもらうといった方法をとることができます。また、従業員が心血管疾患やがんなどの重篤な疾患にかかった場合も、かかりつけ医に相談することで迅速により高度な医療機関へ紹介してもらうといったことも期待できます。

六．かかりつけ医の選定

――自社のニーズに合ったかかりつけ医を

前項に挙げた具体例以外にも、企業単位でのインフルエンザワクチン接種の徹底や、メンタルヘルス不調に対する医療的介入などの点で、企業と密接に連携しているかかりつけ医の存在は、従業員の健康を管理していく上で非常に有用であると考えられます。

かかりつけ医を選ぶ際にも、産業医と同様に、自社のニーズに合ったかかりつけ医を選ぶのが理想的です。例として、生活習慣病の治療やメンタルヘルス不調への医療的介入は専門性が高いため、健康診断の結果で糖尿病、高血圧など生活習慣病の治療が必要となる従業員が多い企業では内科医を、またストレスチェックで従業員に高ストレス者が多くみられる企業では精神科医を選ぶことで、より効率的に従業員の健康を向上させることができ、結果として理想的な健康経営を達成することにもつながります。

おわりに　今後の展望

過去の歴史においても、感染症は人間の営みに大きな影響を与えてきました。

14世紀にペストがヨーロッパで大流行した際には、人口の3分の1から3分の2が死亡したと言われています。このため農村では労働力が不足し、封建領主に対する農民の地位が向上して農奴解放が進みました。

16世紀にヨーロッパ人が新大陸へ進出した際に、天然痘などの様々な病原体を持ち込みました。それらの病原体に免疫のない原住民は次々と疫病に斃れ、ヨーロッパ人は容易に新大陸を征服しました。

このように、感染症のパンデミックは社会の構造を根本から変えてしまう力を持っています。今回の新型コロナウイルス感染症も同様で、我々の生活は様々な面で変革を迫られています。感染症が収束して、仮に3密を避ける行動やマスクの着用、ソーシャルディスタンスをとる必要がなくなったとしても、一度進んだテレワークやオンライン化の流れを引き戻すことは不可能でしょう。

企業の健康経営という観点からみると、今後の評価基準として、感染対策が重視されるようになるのは確実でしょう。また、在宅勤務の増加などに伴う運動量の低下や間食の増加、他者とのコミュニケーションの減少から、生活習慣病やメンタルヘルス不調が増悪するリスクが高くなるため、これらに対する対策は今まで以上にしっかりと行なっていく必要があります。これまでの方法が通用しなくなることも出てくるでしょうが、逆に言えば、他の企業に先んじてこれからの健康経営に有効な対策を打ち出せれば、企業イメージもアップし、従業員も定着することが期待できます。まさに「健康経営の好循環」です。

ヨーロッパ人が新大陸へ進出した時、新大陸の原住民たちは、自分たちだけが病に斃れるのを目の当たりにして、自分たちが信仰している土着の神よりもヨーロッパ人が信仰するキリスト教の神の方が優れていると感じ、抵抗する気力を失ったことが伝えられています。このように、未知の感染症の前には、人間は無力感を覚えます。今回の新型コロナウイルスの流行も、今まで我々が過ごしていた「日常」というものが、いかに脆弱なものであったかということを証明しました。しかし、立ち止まっていては何も変わりません。このような「時代の変わり目」こそ「チャンス」であるととらえて前へ進むことで、新たな道が拓けていくのではないでしょうか。

最後に皆様のご健勝をお祈りしつつ、筆を擱くことといたします。

西城 由之

参考文献

・経済産業省：企業の「健康経営」ガイドブック～連携・協働による健康づくりのススメ～（改訂第1版）：
https://www.meti.go.jp/policy/mono_info_service/healthcare/kenkokeiei-guidebook2804.pdf

・厚生労働省：平成29年度 国民医療費の概況：
https://www.mhlw.go.jp/toukei/saikin/hw/k-iryohi/17/index.html

・経済産業省：「健康経営銘柄２０１８」及び「健康経営優良法人（大規模法人）２０１８」に向けて：
https://www.meti.go.jp/press/2017/09/20170907002/20170907002-1.pdf

・Donabedian A. Evaluating the quality of medical care. Milbank Q 1966; 44: 166-203

・厚生労働省：データヘルス・健康経営を推進するためのコラボヘルスガイドライン：https://www.mhlw.go.jp/file/04-Houdouhappyou-12401000-Hokenkyoku-Soumuka/0000171483.pdf

・Neeltje van Doremalen, et al. Aerosol and Surface Stability of SARS-CoV-2 as Compared with SARS-CoV-1. N Engl J Med 2020; 382: 1564-1567

・Spinato G, et al. Alterations in Smell or Taste in Mildly Symptomatic Outpatients With SARS-CoV-2 Infection. JAMA 2020; 323(20): 2089-2090

・Chen R, et al. Risk factors of fatal outcome in hospitalized subjects with coronavirus disease 2019 from a nationwide analysis in China. Chest 2020; 158(1): 97-105.

・Grein J, et al. Compassionate Use of Remdesivir for Patients with Severe Covid-19. N Engl J Med 2020; 382(24): 2327-2336.

・Sakamoto H, et al. Seasonal Influenza Activity During the SARS-CoV-2 Outbreak in Japan. JAMA 2020; 323(19):1969-1971
・日本肝臓学会：B型肝炎治療ガイドライン（第3.2版）
・日本肝臓学会：C型肝炎治療ガイドライン（第8版）
・日本糖尿病学会：糖尿病治療ガイド２０２０-２０２１
・日本高血圧学会：高血圧治療ガイドライン２０１９
・日本動脈硬化学会：動脈硬化性疾患予防ガイドライン２０１７年版
・日本禁煙学会：禁煙学改訂３版

・日本循環器学会：慢性冠動脈疾患診断ガイドライン（２０１８年改訂版）
・日本循環器学会：急性冠症候群ガイドライン（２０１８年改訂版）
・日本脳卒中学会：脳卒中治療ガイドライン２０１５
・日本呼吸器学会：ＣＯＰＤ（慢性閉塞性肺疾患）診断と治療のためのガイドライン２０１８［第５版］
・厚生労働省：事業場における治療と職業生活の両立支援のためのガイドライン：https://www.mhlw.go.jp/file/06-Seisakujouhou-11200000-Roudoukijunkyoku/0000116659.pdf
・アメリカ精神医学会：ＤＳＭ－５ 精神疾患の診断・統計マニュアル（訳：日本精神神経学会）

・厚生労働省：労働安全衛生法に基づくストレスチェック制度実施マニュアル：
https://www.mhlw.go.jp/content/000533925.pdf
・厚生労働省：平成30年　労働安全衛生調査（実態調査）　結果の概況：
https://www.mhlw.go.jp/toukei/list/dl/h30-46-50_kekka-gaiyo01.pdf

著者略歴

西城 由之（さいき・よしゆき）

医学博士　こまごめ内科・循環器内科クリニック院長

1978年、岩手県生まれ。2004年、日本医科大学卒業。初期研修の後、2006年に日本医科大学付属病院第一内科（現 循環器内科）入局。主に心臓カテーテル治療を中心とした循環器診療に従事する傍ら、産業医、公衆衛生研究員としての活動も行なう。2019年に「こまごめ内科・循環器内科クリニック」開業、現在に至る。医学博士、日本医科大学非常勤講師、日本内科学会認定内科医・総合内科専門医、日本循環器学会専門医、日本心血管インターベンション治療学会認定医、日本高血圧学会専門医、日本糖尿病協会療養指導医、日本医師会認定産業医、日本循環器病予防学会評議員。

ポストコロナの健康経営

2020年10月28日　初版第1刷発行

著者　西城 由之
発行者　鏡渕　敬
発行所　株式会社 東峰書房
〒150-0022　東京都渋谷区渋谷3-15-2
電話　03-3261-3136
FAX　03-6682-5979
URL　https://tohoshobo.info/
装幀・デザイン　塩飽 晴海
印刷・製本　株式会社 シナノパブリッシングプレス

ISBN 978-4-88592-208-4 C0034
Printed in Japan